혼자
있지만
쓸쓸하지
않아

일러두기

3쪽 아래 등장하는 '#WATTBA'는 이 책의 원서 제목인 『What A Time To Be Alone』의 약자로 만든
해시태그로 SNS에서 지금도 활용되고 있다.

슬럼플라워는 『혼자 있지만 쓸쓸하지 않아』를 통해 여러분의 멘토, 동반자, 그리고 절친이 되어줄 거예요. '혼자'라도 괜찮은 게 아니라 '혼자'라서 행복하다는 것도 가르쳐줄 거고요. 슬럼플라워 가라사대 "못돼 처먹었다는 소릴 듣고 살았다고? 그래도 네가 태어난 이유가 있어." 이제 여러분도 그 깨달음을 얻으세요.

치데라의 나이지리아인 어머니가 들려주는 나이지리아 속담이 톡 쏘는 양념처럼 감칠맛을 주고, 치데라의 독특한 일러스트가 개성을 더하는 『혼자 있지만 쓸쓸하지 않아』! 세상살이에서 길을 잃었다면 당신의 내비게이션이 되어줄 책이죠. 만화경처럼 혼란한 세상에서 점점 자존감을 잃고 있다면, 이제 천천히 치유하고 자율성을 길러야 할 때예요. 사람들의 악마적 본성에 직면하면 얼른 피하되 한 가지 알아야 할 게 있어요. 모두들 자신을 지키기 위해 아등바등하다 보니 공격성을 드러낼 때가 있다는 걸. 건강한 인간관계를 유지하기 위해 발암 물질 같은 사람을 발견하면 잽싸게 도망치세요.

자신만의 스토리를 만드세요. 당신만의 내러티브를 새로 쓰세요. 그리고 이 책을 읽으세요.

#WATTBA

함께 있을 때 더 외로운 당신에게

혼자
있지만
쓸쓸하지
않아

What a time to be alone

치데라 에그루 지음 | **황금진** 옮김

📖동양북스

명심해.

남한테 기대하면 실망하게 되어 있다는 걸.

너 자신에게만 기대하는 법을 배우면 네가 원할 때 네가 원하는 일로

얼마든지 기뻐할 수 있어.

_ 본문 중에서

은근하면서도 끈질기게, 나 자신에게로 이끌어준
엄마에게.

『혼자 있지만 쓸쓸하지 않아』는
가면을 던져버린 사람이 쓴 책이야.
살면서 누구나 자신의 진짜 모습을
마주해야 할 때가 오지.
그걸 일깨워주기 위해 이 책을 썼어.
너만 그런 것도 아니고,
네가 미친 것도 아니야.
네가 어떤 감정을 느끼든 상관없어.
그 감정을 당연하고 자연스럽게
받아들여. 좋든 나쁘든 말이야.

이 책은 세 파트로 이루어져 있어.
무엇 하나 놓치면 안 돼.

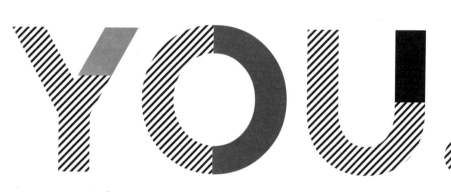

YOU.

너의 자존감이 지금 어느 정도인지 점검하고 치유법을 살펴볼 거야. 이 지옥 같은 현생에서 어떻게 하면 나를 더 잘 컨트롤할 수 있을지, 그 힌트를 얻어가도록 해.

them.

여기서는 너를 귀찮게 하는 타인에 대해 살펴볼 거야.
타인의 공격을 제대로 피하지 못하면, 그 공격이 얼마나
큰 상처가 되는지 알아보려고 해. 이때 반드시 네가
이해해야 할 게 있어. 사람은 누구나 자신을 보호하려는
본능이 있고, 때론 그 본능이 공격적이 되기도 한다는 거야.

이제 자신만의 안식처를
찾아야 할 때야.
너무 늦지 않은 건지
걱정할 필요는 없어.

이제 진정한 나를 만나러
가볼까?

이번에는 소비적 인간관계에서 벗어나는 방법을 알려줄 거야.
생산적인 관계는 어떻게 시작하고 유지하는지,
반대로 끝내고 싶은 관계는 어떻게 해야 건강하게 정리할 수
있는지도 살펴볼 테니까 놓치지 마.

YOU.
YOU.
YOU.
YOU.
YOU.

YOU.
YOU.
YOU.
YOU.
YOU.

네가
있어야
할 곳은
바로
여기야.

길을 잃었어? 혼란스럽다고? 인생이 무의미하게 느껴져?
너는 이래저래 허덕이고 있는데, 다른 사람들 인생은 족집게 과외라도
받은 것처럼 술술 풀리는 것처럼 보이지? 세상은 LTE급으로 변해가는데,
너만 2G 같아? 하지만 잊지 마. 네가 존재하는 이유는 분명히 있어.

인간관계에 서툴러서 고민이지? 덤벙대는 사람이 친구한테 빌린 렌즈가
깨지지나 않을까 안절부절못하는 것처럼 남들 앞에서 쩔쩔매게 되고.
그럴 때마다 주변 사람들은 (너 자신까지도) 너를 무시할 거야.
대화 중에도 함부로 네 말을 끊는 건 일상다반사고. 그래도 너에게는,
존재 이유가 있다는 걸 잊지 마.

희망은 사라지지 않아. 그냥 어딘가에 숨어 있을 뿐이지.
이 책을 읽고 있다면 넌 이미 희망을 찾아 나설 준비가 된 거야.

먼저 짚고 넘어갈 게 있어.

나 자신을 사랑하는 일은 우리에게 주어진 의무야. 하지만 그 의무를 다하지
않고 남들이 나를 심심풀이 땅콩쯤으로 여겨도 내버려둘 때가 많았을 거야.
하지만 이제는 그러지 말자. 결과적으로 나에게 상처 주는 일이니까.
너의 개성을 그대로 받아들이고, 너만의 구멍을 메워줄 사람은 이 세상
어디에도 없어. 아니 아니, 그 구멍 말고. 우리 모두가 내면에 가지고 있는
뻥 뚫린 구멍 말이야. 타인의 인정, 사랑, 위안 같은 걸 갈구하는 바로 그 구멍.
내 곁에 누군가가 있든 없든, 우리는 스스로를 응원해줄 수 있을 만큼 자신을
사랑해야 해. 하지만 오해하지는 마. 자기애는 이기심과 달라. 자기 자신을
사랑한다고 해서 꼭 허영심과 자만심이 커지는 건 아니야. 타인을 존중하기만
한다면 그럴 일은 없어. 세상은 자신감에 대해 비난할 때가 많지. 자신감이
있다는 건 결국 남의 눈치를 안 본다는 뜻이니까. 우리가 남들을 의식하지 않고
행동하면 세상은 그걸 위협으로 느끼거든. 이 세상이 딛고 있는 발판은
수십억 달러가 걸린 자본주의 산업이니까. 우리더러 '제대로' 못 살고 있다고
속삭여야 돈벌이가 되거든. 자기만의 감을 찾아내. 그럼 남들이 널 따를 거야.

너 자신을 위한 사랑도
남겨둬야 해.

넌 사랑받을 자격이 있으니까.

왕제수가

되지

않도록

노력하지.

인간은 원래 남을 실망시키도록 생겨먹었어. 냉혹하고 슬프지만 그게 현실이야.
꿀꺽 삼켜 넘기기에는 좀 쓰고 큰 알약이지. 하지만 이 진리를 일단 받아들이면,
인생이 핵주먹을 날려도 전보다 덜 아플 거야.

인간은 자기 기분대로 타인을 대하는 속성이 있어. 심지어 열 번 중
여덟아홉 번은 그걸 깨닫지도 못해. 그래서 타인이 너를 대하는 방식을
내면화하지 않도록 배우고, 몸에 익혀야 하는 거야. 만약 네가 나처럼
예민 보스라서 누군가가 너를 이용하거나 무시할 때마다 내면이 조금씩
죽어가는 걸 느끼는 타입이라면 스스로 일깨워줘. 그렇게 기분 나쁠 일이
아니라고. 네 친절한 마음이 배신당했더라도 말이야. 상대방은
자신이 느끼는 대로 행동했을 뿐이거든. 그러니까 누군가가
너한테 재수 없게 군다면 네 잘못이 아니니까 심란해하지 마. 이것만 기억해.
그 사람들은 더 큰 싸움, 자기 자신과의 싸움을 벌이고 있다는 걸!

확신이 서지 않을 때 언제든 먹히는 가장 좋은 방법은 스스로에게
일깨워주는 거야. 자신을 진짜 사랑하는 사람은 타인에게 부정성을 투사하지
않는다고. 이보다 더 단순할 순 없지, 동지들.

그렇지만 우리에게도 왕재수 인자가 있다는 걸 잊지 마.
특히 사랑하는 사람들에게 그런 인자를 표출하곤 하지. 너무 편하게 생각하니까
상대방을 당연히 여기게 되는 거야. 그들에 대한 애정을 좀 더 자주 상기하자.
누구에게 무슨 알레르기가 있는지도 기억해주고.

인생은
네
급소를
가격할
거야.

이렇다
할
이유도 없이.

핵심은 그 가격에 어떻게 대처하느냐.
창창한 앞날을 위해서는
그런 인생의 쓴맛도 보게 마련이라는
사실을 받아들여야 하는데,
그보다는 자신을 탓하기가 쉽지.

치유는 아픈 과정이야. 급소를 가격당하면 당연히 아프지.
무시를 당해도 물론 아프고. 어떨 땐 여기저기 안 아픈 데가
없이 다 아픈데 이유도 몰라. 어렸을 때 귀에 못이 박이게 들은
말이 있을 거야. '상처가 낫기를 바란다면 절대 만지지 마라!'
근질근질 가려워 죽을 것 같은 그 딱지, 벅벅 긁으면
아주 시원하겠지. 듣기 싫은 대답을 듣게 될 걸 알면서도
입 밖으로 꺼내 물어봐야 속이 시원할 거고. 하지만 치유 과정은
더 길어질 거야. 딱지를 억지로 떼어냈으니까.
트라우마를 남긴 사건에도 이 이론을 한번 적용해봐.
뜻대로 안 돼 힘들었던 상황을 겪을 때 그 전의 상처와 유사점이
없는지 주의 깊게 살펴보는 거야. 그런 다음 '어리석었다'며
자신을 탓해보라고. 아플 거야, 안 그래? 급기야 트라우마와
자기 자신에 대한 실망 중 어떤 게 더 아픈지도 모르는 지경에
다다르겠지.
치유에 대해 알아야 할 건, 치유가 하나의 과정이라는 거야.
자기혐오에 빠질 때도 있고, 치유 자체가 지긋지긋해질 때도
있을 거야. 심지어 죽치고 앉아 그 사건에 이르기까지 일어날 수
있었던 자잘한 사건들을 하나하나 꼼꼼히 따져볼 때도 있을 거고.
그래도 넌 미친 게 아니야. 그냥 인간다운 짓을 하고 있는 거지.
분석, 퇴행, 후회도 수용, 용서, 망각 못지않게 중요하거든.
아무리 괴롭더라도 그런 과정 하나하나가 다 중요해.
하지만 아픈 만큼 성숙해지고 싶다면 상처를 자꾸 들쑤시지 말고,
언젠가는 나을 거란 믿음을 가져.
깊든 얕든, 네가 느끼는 감정은 모두 지나가. 혹시 또다시 절망에
빠지려는 자신을 발견하걸랑 앨런 와츠의 금언을 떠올려봐.

흙탕물은 휘젓지 않고
내버려둘 때
가장 맑은 법이다.

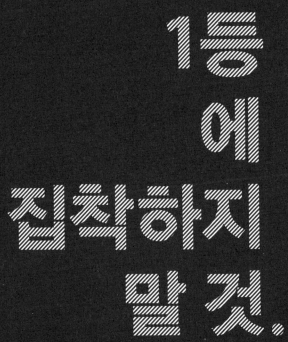

대체 틀기가 한 존재감에 집중할 것.

ONYE SỊ A CHA YA ISHI A CHARA JOHN: Ọ KWAKWARA ỊSHI JOHN KWARA?

무슨 뜻이냐면…
미용실에 가서 존처럼 머리를
잘라달라는 사람!
두상도 존과 똑같은가?

이그보우어(나이지리아 서남부에서 사용하는 언어 – 옮긴이)**를**
모국어로 쓰며 자란 나이지리아의 이그보우족인 나는
나이지리아 속담과 표현을 들으며 자랐어. 그런 격언들은 말 그대로
나의 구세주였지. 존과 두상이 똑같으냐고 묻는 속담은 우리 엄마의
입버릇이야. 씹지도 못할 만큼 크게 베어 물거나 몸에 맞지도 않는 옷을 만들려는
상황에서 주로 쓰지. 분수에 맞지 않게 살면 언젠가는 실망하게 되어 있어.
그 실망은 욕심을 부린 우리의 몫이 될 거야. 실망을 피할 수 있는 유일한
방법은 현재에 만족하는 것뿐이야.
우리는 종종 자신의 삶을 타인의 삶과 비교하곤 해. 그런 의미에서
SNS는 아무짝에도 쓸데가 없지. 온라인 프로필을 만드는 사람들이 증가하면서
'아싸(아웃사이더)나 외톨이로 보이지 않아야 한다'는 압박도 커졌거든.
다들 깜빡하기 십상인데, SNS는 현실을 보여주는 공간이 아니야.
네가 조금이라도 더 존중받고 싶은 사람들한테 희망 사항을 전시하는
수단에 불과하지.

이게 문제가 되는 이유는, 남들이 이뤄낸 결실만 보고 덤벼드는 인간들이
있기 때문이야. 자기한테도 똑같은 결과가 오길 바라면서. 하지만 인생이
그렇게 호락호락하겠어? 과정을 똑같이 따라 한다고 결과가 똑같으리라는
법은 없거든. 다른 사람을 흉내 낸다고 해서 그 사람이 느꼈던 감정과 고민까지
경험할 수는 없잖아.

'쿨해 보이는' 사람들과 어울린다고 너까지 저절로 쿨해지는 것도 아니야.
네가 네 자아를 계발해서 무소의 뿔처럼 혼자 나아갈 수 있을 만큼 쿨해져야지.
네가 원하는 인생으로 가꾸기 위해 노력하지 않으면,
미안하지만 네 헤어스타일은 절대 존처럼 안 보일 거야.

남의 인생 구경할 시간이 있으면 자기 계발을 해. 남의 SNS를 '염탐질'할
시간과 에너지를 네 내면에 쏟아부었으면 지금쯤 네가 어떤 걸 이뤘을지
한번 상상해봐.

**무료할 땐
잘못 판단하기 딱 좋지.**

정신 바싹 차리고 목표에 집중해봐. 잠깐의 유혹에
빠지지만 않으면 후회할 만한 짓은 대부분 피할 수 있어.
하지만 유혹에 빠지면 정신도 산만해지고, 목표 달성 기간도
그만큼 길어질 거야. 흔히 저지르는 실수가 우리 인생에
평지풍파만 일으켜놓고 튀어버리는 사람들 때문에
삼천포로 빠지는 거지.

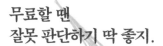

흔들리지 말자, 절대로.

상황이
나아지는 게
아니야.

네가 나아지는 거지.

언젠가, 끝내, 넌 '극복'할 거야. 완전히.
잠 못 드는 밤도 없어질 거야. 공황 발작도 이제 없을 테고.
내 뜻대로 되는 일이 하나도 없구나 하는 생각도 이젠 안 들 거야.
극복하고 나면 이젠 네 경험을 어떻게 해석할지도 네게 달려 있다는
깨달음을 얻을 거야. 변화가 초래하는 것은 오로지 한 가지,
더욱 많은 변화밖에 없다는 깨달음도 얻겠지.
자, 이제 변화를 두려워하지 말고 마음을 열어야 할 때야. 변화를 두려워하면
철이 늦게 들거든. 가끔은 안 좋은 일도 '당해봐야' 지혜라는 귀중한 무기로
무장할 수 있게 돼. 지혜는 억만금을 주고도 살 수 없는 보물이고,
혼자 터득해야 하거든.
나쁜 일은 사는 동안 계속 일어날 거야. 삶이란 결국 어떤 식으로든 균형을
맞추려고 하니까. 그러니까 우리가 자신을 위해 할 수 있는 최선은, 고통에서
뭔가 배울 수 있는 한 헛된 고통은 없다는 사고방식을 갖추는 것뿐이야.

사랑에서
배우지 못하면
상실이 대신
무섭게
가르쳐줄 거야.

아름다운 것들은 우리가 받을 준비가 되어
있든 아니든 우리 삶에 예고 없이 나타나.
사랑은 찾아가도 되냐고 미리 묻지 않지.
사랑은 갑자기 툭 튀어나와. 그때 두 팔 벌려
열린 마음으로 따뜻하게 맞이하지 않으면
최고의 스승이 교훈을 가르쳐줄 거야.

바로 후회지.

헛된 기대는
품지도 마.

주저리주저리
해명하지도 마.

그래도
세상은 널 평가할 거야.

나도 모르게 무난한 사람이 되려고 아등바등할 때가 있어.
지금도 가끔 그럴 때가 있는데, 그때 나는 진짜 내 모습과 자꾸만
타협을 하고 있더라고. 하지만 사람들은 이렇든 저렇든 늘 날 평가해.
그래서 목표를 하나 정했어. 호감 가는 사람이 되려는 노력은 때려치우고
그냥 솔직한 사람이 되기로. 내가 죽고 나서 나를 '언제나 상대의 기분에
맞춰주려고 자기를 희생했던 사람이었지' 하고 기억해줄 사람은 아무도 없어.
세상은 아무 관심이 없거든. 우리 모두 언젠가는 죽을 거야.
너의 존재 이유는 타인의 기준을 충족시키기 위한 게 아니야.
네가 충족시켜야 할 기준은 네가 세운 기준밖에 없어.

남들의 인정은
그만 기다리자.

너는 지금 충분히
멋진 존재이니까.

너를 바꿀 필요는 없어.
우선순위만
재정비하면 돼.

NGWERE SHỊ NA ELU ORJỊ DA SỊ NA YA GA ETO ONWEYE MA QWỤRỤ NA ONWEHỤ ONYE TORO YA.

명심해, 남한테 기대하면 실망하게 되어 있다는 걸. 너 자신에게만 기대하는
법을 배우면 네가 원할 때 네가 원하는 일로 얼마든지 기뻐할 수 있어. 누군가
나타나 네가 자랑스럽다고 말해주길 기다리면서 허송세월하면 실망만 하는
삶을 살다 그렇게 죽겠지. 하지만 사소한 성과도 스스로 칭찬해주고, 혼자 먼 길을
잘 헤쳐 나갔다고 인정해주면 보람을 느끼며 만족스럽게 죽을 수 있어.

네 업적이 아주 사소하고 보잘것없어 보여도 항상 스스로를 기특하고 대견하게
생각해줘야 해. 네 몸이 열심히 일해준 덕분에 지금 이 순간까지 살아남아
이 글도 읽고 있는 거잖아. 그러니까 너 자신한테 토닥토닥 잘했다고 칭찬받을
자격이 있지 않을까?

무슨 뜻이냐면…

이로코 나무(수명이 아주 긴 서아프리카산
나무로 이 나무에 정령이 깃들어 있다고 믿는
사람들도 있음 – 옮긴이)에서 떨어진

**도마뱀은 아무도 칭찬해주지
않으면 자기가 자기를 칭찬한다.**

어떻게
할 수 있을지
걱정하지 마.

제일 겁날 때가 뭔가를 시작할 때지. 생소하니까. 생소하다는 건 가능성이
무수히 많다는 얘기잖아. 그중에는 우리가 감당할 수 없는 결과도 있을 테니까
무서울 수밖에 없지. 하지만 너 자신에게 건강한 기대를 품으려면 먼저
네가 할 수 있는 부분에 집중해야 해.

대학 졸업반 때였어. 졸업 후에 뭘 해야 할지 아무것도 모르겠다고 날마다
아빠한테 하소연했지. 되게 웃겼던 게 결국 난 졸업도 못했다는 거야.
열라 웃기지. 내가 취직해본 적도 없는데 연봉도 좋고 즐길 수도 있는 직업은
어떻게 찾아야 하는지, 졸업해도 언제까지 취준생(취업 준비생)일지 모르겠고,
학자금 대출 때문에 백수 노릇도 못할 텐데 어떻게 하냐고 푸념할 때마다
아빠가 해준 말이 있어.

"지금 하는 일부터 마무리해라. 나중엔 다 앞뒤가 들어맞게 될 테니."

저지르는 거야.

ONYE AKWỌ NA AZU AMAHU NA IJE NA ARA AHỤ.

무슨 뜻이냐면…
등에 업힌 사람은
여행길이 얼마나 힘든지 모른다.

네가 어떤 특혜를 누리고 있는지 떠올려봐! 백인이라는 것도 특혜고,
'예쁜 것'도 특혜야. 전쟁으로 피폐해진 나라에서 태어나지 않은 것도 특혜지.
백인으로 태어나면 알게 모르게 유색인보다 '더 나은' 대접을 받게 되어 있어.
사회가 정한 미인의 기준에 들어맞는 사람은 그렇지 않은 사람보다
'더 긍정적인' 관심을 받게 되어 있고. 전쟁 없이 평화로운 나라에서 태어난
사람은 그렇지 않은 사람보다 기대 수명이 더 길어질 가능성이 '높다'는 말이야.

이런 특혜를 누리는 게 꼭 나쁘다는 말은 아니야. 네가 그런 특혜에
근거해서 타인을 어떻게 대하는지, 그런 특혜를 누리며 어떤 인생을 만들지,
자아에 어떤 영향을 미치는지 중요하지. 반드시 알아야 하는 건
특혜가 권리는 아니라는 거야. 특혜를 받았다고 해서 남들보다 더 나은 대접을
받아야 한다고 착각한다면 평생 잘난 척만 하다가 인생 종 치는 수가 있어.
백인을 예로 들어볼게. 백인들이 태어날 때부터 오만한 건 아니야.
인종이 인성까지 규정하는 건 아니니까. 그런데 백인에게는 종종 부록처럼
딸려오는 특성이 있지. 학습된 우월감. 이게 백인이 흑인보다 더 잘났다는
사고방식을 만들어. 그런 사고방식 때문에 흑인이 백인보다 '저급한' 인간으로
취급받게 되는 거지. 하지만 백인이 그런 특권 의식을 요리조리 잘 빠져나갈 수
있는 방법은 많아.

네가 백인이라면 너만큼 특혜를 누리지 못하는 사람들의 목소리에 귀를 기울여.
그들의 말도 끊지 말고. 특히 쥐뿔도 없는 경험으로 이래라저래라 어설픈
조언은 하지 마. 딸기가 딸기씨 빠진다고 불평하는데, 넌 레몬이거든.
레몬이 딸기한테 딸기씨 빠질 땐 이렇게 해보라고 말해줄 순 없지, 안 그래?
누군가 네가 누리는 특혜를 가지고 팩트 폭력을 하면 당연히 항변하고 싶겠지.
하지만 제발 부탁인데, 동정 여론 모으려고 눈물을 무기 삼지는 말아줘.
우리 사회는 백색을 연약하고 섬세하며 순수하다고 생각하니까.
백인 여성과 흑인 여성이 한곳에 있을 때, 백인 여성의 눈물만큼 '핵폭탄급'
무기가 없거든. 백인 여성이 그런 상황에서 눈물을 보이면 전후 사정은
생략되고 무조건 흑인 여성이 괴물, 백인 여성이 피해자로 규정되어버려.
백인의 특혜는 이런 식으로 돌아가.

우리는 백인이 흑인 등에 업혀가는 사회에 살고 있어. 식민지 수탈과 문화재
약탈로 이룩된 나라들, 그곳의 박물관에 자랑스럽게 전시해놓은 유물들을 봐.
열거하자면 입이 아플 지경이지. 그런데도 흑인이 등이 아프다고
불평이라도 하면 이런저런 말로 입을 막아버려. '그렇게 무거울 리 없잖아',
'노예제 끝난 게 언제냐. 그만 좀 해', '미래를 봐야지, 이제 과거는 좀 잊자'.

네 살짜리 너. 자존감이 바닥을 치면 목표 달성에 방해가 될 수 있어.
자존감이 떨어지려는 순간이 오면 네 살짜리 꼬마였던 너를 떠올려봐.
넌 그 아이의 롤 모델이 되어야 해.

그러기엔 못생기고 잘난 것도 없다고? 그 말을 네 살짜리 너 자신에게
말한다고 생각해봐. 그 아이한테 폭언을 퍼부으니 기분이 어때?
가장 필요로 하는 사람한테 언어 학대를 당하는 그 아이가 되어보니
기분이 어떠냐고?

네 살짜리 너와 지금의 네가 다른 점은 시간밖에 없어.
넌 아직도 사랑받고 싶어 하는 그때 그 연약한 아이야. 넌 여전히
"와~ 너 참 대단하구나. 정말 잘했어!"라고 칭찬받고 싶어 하는
그때 그 연약한 아이야. 누군가 꼭 껴안아주길 바라는
그때 그 연약한 아이가 지금의 너라고.

네 살짜리 꼬마 아이가 아주 특별한 사람에게 주려고 정성껏 선물을
준비했는데, 그걸 선물하자마자 무시당했다고 상상해봐.

'어른이 된' 너도 여전히 그런 일을 겪을 거야, 그렇지?
지금의 너도 그 아이와 다를 바 없이 너와 아무것도 나눌 생각이 없는
사람들에게 너 자신을 내어주려 하잖아. 너는 그런 사람들을 위해
너를 억지로 바꾸지만 그들은 결코 고마워하지도 않을 거야.
네가 애써 웃긴 농담을 해도 웃어주지 않지. 불평하지 않으려고
넌 꾹꾹 눌러 참았겠지. 그러다 '내가 왜 이렇게까지 해야 하지?' 하고
깨달았을 때쯤, 이미 그들은 너라는 존재도 잊고 다른 사람을 찾아
떠난 후일 거야.

지금의 네가 사랑받을 자격이 없는 것 같아도 너를 사랑해줘.
네 살짜리 너를 생각해서라도.

오지라퍼

넌 '더 핫한' 사람이 되려 하지. 넌 불평을 줄이려
하고. 넌 향수를 바꿔. 넌 '더 좋은' 옷을 입고.
넌 '너무 자신만만한 태도'를 버려. 넌 너 자신을
위축시켜. 아파도 넌 좀처럼 그만두지 못하고
계속하지. 넌 남의 인정을 원하니까. 넌 확인이
필요하지. '그 사람 아니면 아무하고도 친밀한 관계를
맺을 수 없을까 봐' 제대로 청산도 못해.
'우린 오래 알고 지낸 사이니까.'
넌 이걸 '고칠 수 있다'고 생각하지. 넌 네가 이 문제의
발단이라 생각하니까. 하지만 넌 문제였던 적이
없었어. 공허한 사람들과 사랑에 빠져 그 사람들의
공허한 마음을 너로 채우는 짓은 이제 그만해.

넌 매번, 완패할 거야.

오지라퍼

좋은 사람 되려고 셀프 고생하지 말자.

이제 직시하자. 너나 나 같은 오지라퍼들은 인생이 좀 더 내 맘대로 됐으면 하고 바라지. 그래서 총대 메고 나서서 남까지 고쳐보겠다고 아등바등해.

너한테는 구세주 콤플렉스가 있는 거야! 그런다고 누가 상 주는 것도 아닌데. 구세주 콤플렉스가 있으면 누군가에게 네가 꼭 필요한 존재인지, 잉여에 불과한 존재인지 헷갈리기 쉬워.

구세주 콤플렉스가 있는 사람들에게는 버림받는 게 무섭다는 심리적 문제가 있어. 그래서 감정의 연장통을 자처해서 타인에게 꼭 필요한 존재가 되려고 애쓰지.

상대가 네 노력을 가상하게 여기기는 하는지 알아보지도 않고, 어떻게든 상대방에게 '쓸모 있는' 사람이 되려고 노력하는 건 예방 기제일 수 있어. 예방 기제는 버림받을까 봐 두려워하는 심리 문제를 억누르는 데 쓰이지.

내가 체득한 건 타인의 삶에서 나의 중요도를 0으로 설정해야
한다는 거야. 그래야 타인에게 지나친 기대를 걸지 않고, 버림받지
않으려고 전전긍긍하지 않게 되거든.

어떨 때 보면 오지랖은 '그대 앞에만 서면 나는 왜 작아지는가' 같아.
상대가 커질 공간을 마련해주려고 너 자신은 더 작아지게 되거든.
또 어떨 때는 싸움처럼 보이기도 해. 상대방을 위한 거라고 생각해서
모질게 대하는데, 결국 반발만 사게 되지. 그게 거리감이 되고
나중에는 무관심이 되어버려. 의도가 아무리 순수해도 남의 손을
억지로 끌고 가서 그 사람의 자아와 마주하게 만들 순 없어.
넌 상대를 도와준다고 생각하겠지만, 상대방도 그렇게 생각할까?
그래도 넌 그게 민폐였단 걸 꿈에도 모르겠지.

'나나 잘하자'가 대세야. 한번 시도해봐. 장담하는데 다들 착한
일이라고 했던 것 중에 상대가 도리어 화를 냈던 일이 하나쯤은
있을걸. 친절을 베풀었다가 곤란해지는 상황에 자꾸 처하는 것
같으면 그 에너지를 너 자신에게 써. 이 세상 그 누구보다 널 필요로
하는 건 너 자신이니까.

침묵은 오해를 부르지 않는다.

현명한 우리 엄마 말씀이야. 우리 엄마 천재성 돋지?
어른들 말씀을 귀담아들어. 맞는 말이 많거든.
우리 엄마가 나한테 입버릇처럼 하던 말이 있어.
"난 앉아서도 훤히 보는 걸 넌 서 있으면서도 못 보는구나!"
어때? 소름이지?

우리 엄마가 가르쳐준 게 또 있어. 세 치 혀로 사람을 살릴 수도,
죽일 수도 있다. 그러니까 잘 모르겠으면 그냥 입을 열지 마라.
일리 있는 말이지? 말수가 적을수록 책임질 일도 줄어드는 법이니까.
남의 일에 참견하지 않는 법은 이론적으로 배울 수 있는 기술이
아니야. 그건 살면서 직접 겪어보며 배워야 하는 기술이지.

다들 그런 적 있을 거야. 도를 넘거나 필요 이상으로 말을 많이 해서
결국 곤란해진 상황 말이야. 내 경험상 그게 내 소중한 사람들과
연관된 게 아니라면 발 하나도 거기 담그면 안 되겠더라고.
어설프게 참견했다가는 역효과만 나고, 내 발등만 찍게 되니까.
그럴 때는 그냥 찌그러져서 네 일에나 신경 써. 그게 최고야.

NTI CANU
IWE AGAHU
EWE OBI.

가끔은 그냥 '모르는 게' 약일 때도 있어. 듣기 싫은 대답을 들을 게 뻔한 질문은
그냥 안 하는 게 상책이더라고. 애매모호한 상황에서 침묵으로 대응해야 할
아주 드문 경우에 속하지. 정신 건강을 잘 챙기는 것이야말로 네가 자신에게
해줄 수 있는 가장 중요한 일이니까. 애인의 휴대폰을 들여다보고 싶어서
손이 근질근질할 거야. 남들이 네가 없는 곳에서 어떤 말을 하는지 궁금하기도
하겠지. 하지만 그런 유혹에 굴복하는 건 잔잔한 수면에 돌멩이를 던져서
파문만 일으키는 꼴이야. 난 엄마한테 큰 가르침을 받았지.
긁어 부스럼 만들지 마라.

무슨 뜻이냐면…
귀를 닫으면 마음이
괴롭지 않을 것이다.

공포를 느껴도
애써 태연한
척하고 있다면
빨리
그만둬야 한다.
그럴수록
인생의 아귀도
더 빨리
들어맞게 된다.

네가 도망치는 건 마음을 많이 쓰는 게 무섭기 때문이야.

네가 도망치는 건 사랑과 실연이 동전의 앞뒷면이라고 생각하기 때문이지.
네가 도망치는 건 이런 감정을 직시했다가는 너 자신까지 직시해야 할까 봐
두려워서야.

마음은 많이 쓸수록 다치기도 더 쉬워. 그런데 세상은 마음을 다치면 쿨하지
못하다고 하지. 냉담하고 무관심할수록 쿨하다고 하고. 감정 없는 사람들은
그런 태도가 회복력, 의지력, 눈앞에서 무슨 일이 벌어져도 나 몰라라
할 수 있는 엄청난 정신력이라고 생각하거든. 하지만 사실은 그렇지 않아.
안색 하나 변하지 않고 '나 몰라라' 한다는 건 내면이 죽었다는 뜻이니까.
사람들은 '마음 쓴다'는 말을 '손해 본다'와 동의어로 봐. 그런 사람들은 자신의
에너지를 인생을 '살아가는 데' 쓰지 않고, '보여주는 데' 투자하지.
시종일관 '나 몰라라' 하는 모습을 보이려면 늘 태연한 척 연기해야 하거든.
그런 사람들을 워너비로 삼지 마. 그 사람들이 너보다 더 도움이 절실한
사람들이니까. 그렇다고 주제넘게 그들에게 구원의 손길을 뻗지는 말고.

이제 난 다른 사람이 날 대하는 방식 때문에 실망하지 않아. 그 사람이 날 대하는 방식이, 실은 그 사람이 자기 자신을 대하는 방식인 경우가 많거든. 너 자신에게 만족하지 않는 한 마지막까지 네 손에 남아 있는 건 아무것도 없을 거야. 정말 아무것도. 하지만 피해 의식을 버리고 인생을 배우는 학생의 자세로 살아가면 인생이 훨씬 풍요로워질 거야. 너한테는 그 누구보다 네가 가장 필요해. 자기 파괴에 사로잡혔을 때 동정을 받으면 잠시 위로야 되겠지. 하지만 난 피해 의식에 빠지게 되면 스스로에게 말하곤 해.

무슨 일이 있어도 내 인생의 주인은 나다.

피해 의식은
네 발목을 잡는
물귀신이야.

기억해. '안 돼'라는 말을 들어도
절대 좌절하지 마.

그 앞에

'아직'을

늘어서
생각해.

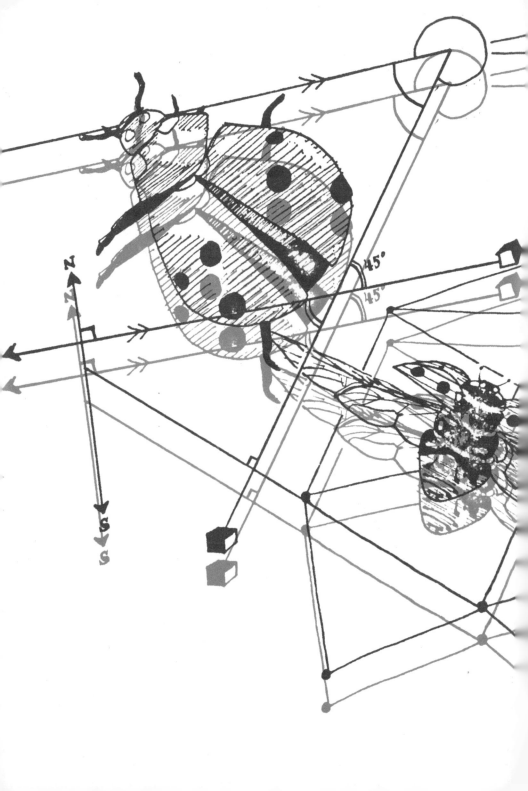

'어떤 손해든 겸허히 받아들이는 법'을 배울 것.

아무리 아파도, 아무리 창피해도, 그걸 통해
성장하는 거야. 거기에서 하나라도 배워.
일이 안 풀려서 짜증 나는 상황도, 알고 보면 나한테
존재하는 어떤 일면을 일깨워주려고 벌어진 일이야.
잃고 있는 게 있으면 그만큼 배우는 것도 있어.

너한테 일어나고 있는 모든 일은 다 널 위한 일이야.
인생은 뒤죽박죽 정신없는 하나의 커다란 우주지.
그 속에서 네가 겪는 모든 일이 너를 너의 본모습에
다가가도록 밀어줄 거야. 인간이란 남들이 봐주었으면
하는 본능이 있는데, 이걸 자극하는 기술은 끊임없이
새로 나와. 하지만 삶이 더 스마트해지는 만큼 정신이
더 괴로워진다는 건 아무도 알려주지 않아.
이것만 기억해. 모든 건 돌고 돌아 결국 균형을
이루게 되어 있다는 걸. 완벽한 균형이란 없겠지만.
그래도 조금씩 나아지기는 할 거야. 견딜 수 없을 만큼
힘들어지면 이걸 기억해. 그건 네가 빌었던 소원에
부록으로 딸려온 문제라는 걸. 네가 몰랐을 뿐이지.

너만의 마법을 음미해봐.

나한테 다정해지자. 난도스(남아프리카 공화국에서 시작한 치킨
프랜차이즈 - 옮긴이)에 혼자 가봐. 혼자서 강변 산책도 하고,
욕조에 몸을 푹 담그고 가장 좋아하는 음악을 욕실이 떠나가라
크게 틀어놓는 거야. 누군가 동화처럼 짠 나타나 조건 없이
나를 사랑해주길 기다리지 말고, 그 조건 없는 사랑을
너 자신에게 주도록 해 지금 당장. 부정적인 영향만 주는
사람들은 언팔로우해버려. 무조건 딴지 거는 사람들은
차단하거나 게시물을 비공개로 전환하고. 너만의 공간을
지키고, 남들이 그걸 어떻게 생각할지는 신경 쓰지 마.
넌 대접받을 자격이 있으니까 그 대접, 스스로에게 해주자.
자기 자신에게 너그러운 걸로 죄책감 느끼지 않는 법을
배워야 해. 가만히 죽치고 앉아서 누군가 나타나기만
기다린다면 인생 훅 간다. 아무도 안 나타나니까.

MAMỊ RỊ
ARAHỤ AHỤ
MANA
OKỤKỌ
AGÁHỤ
ANYỤLỊ YE.

무슨 뜻이냐면…
별거 아닌 오줌이지만
닭은 못 싼다.

닭이 오줌 싸는 거 본 적 있니?
물론 못 봤을 거야!
닭은 오줌 안 싸거든.

닭도 생물인데 배설을 하지. 하지만 오줌 줄기가 닭 몸에서 나오는 걸 본 적은 없을 거야. 왜 뜬금없이 닭 오줌 얘기냐고? 닭이 오줌을 싸든 말든 그게 너랑 무슨 상관인가 싶지? 그래, 우리에게 오줌 싸는 거야 당연하고 대수로울 것도 없는 일이지. 그런데 닭한테는 별일이고, 상상도 할 수 없는 일이야.

우리는 이루지 못한 목표, 도달하지 못할 것 같은 꿈에 연연해서 우리가 얼마나 마법 같은 존재인지 깨닫지 못하고 있어. 오줌 싸는 능력은 축복이야. 그건 네 몸이 정상적으로 기능하고 있다는 뜻이고, 네가 건강하다는 의미지. 살아 있다는 뜻이기도 하고. 요의(尿意)를 느끼고 오줌을 싸는 게 자연스러우니까 오줌이 나올 때까지 우리 몸 안에서 일어나는 과정이 얼마나 복잡한지 생각한 적이 없었을 거야. 그렇게 우린 우리의 세포를 당연하게 여기지. 우리 자신을 당연하게 여기는 것처럼. 그래서 인간으로서 우리가 얼마나 강한 존재인지 인식하지 못하는 거야.

다음에 화장실에 가면 네가 얼마나 복잡하고 특별하며 마법 같은 존재인지 떠올려봐.

내 말을 따라 해봐.

**나는 그 누구에게도 '예쁘게' 보일
필요가 없다. 어떤 모습이라도 늘 그걸로
충분하다.**
나는 그 누구에게도 '예쁘게' 보일
필요가 없다. 어떤 모습이라도 늘 그걸로
충분하다.
나는 그 누구에게도 '예쁘게' 보일
필요가 없다. 어떤 모습이라도 늘 그걸로
충분하다.
나는 그 누구에게도 '예쁘게' 보일
필요가 없다. 어떤 모습이라도 늘 그걸로
충분하다.
나는 그 누구에게도 '예쁘게' 보일
필요가 없다. 어떤 모습이라도 늘 그걸로
충분하다.

넌 누군가 구경하라고 있는 존재도, 누군가
눈요기하라고 있는 존재도 아니니까.

인생이

얼마나

짧은지

아니?

너무 짧아서 네 가치를 남들한테 증명하느라
허비할 시간 따위 없어.

너
자신을
설

너 자신을 선택해.

몇 번이고, 몇 번이고.

너 자신이 실망스러워도.

너 자신을 선택해.

마음이 불편해도.

너 자신을 선택해.

많이 지쳤을 때도.

너 자신을 선택해.

자기애는
공격성은
최하지만
효과는
최고인
협박 수단.

자신이 뭘 원하는지 아는 사람을 속일 순 없어.
자신이 어떤 사람인지 알고 있는 사람을 마음대로 조종할 수도 없어.

이 세상은 가진 게 많아서 걱정도 많은 소수의 권력자들이 마음대로
주무르고 있지. 그들은 우리가 알아서 기어주길 바라고 있어.

자기애가 바닥나고 자신이 초라하게 느껴지기 시작하면
다음 주문 세 가지를 읊어봐.

**1. 이 세상에게 나는 늘 너무 과하거나 부족한 존재겠지만,
나 자신에게 나는 늘 충분한 존재다.**

**2. 나 자신을 위해 쓴 시간은 1분도, 1초도 낭비가 아니다.
나는 평생을 투자해야 하는 대상이며, 그 시간이 아깝지
않은 존재다.**

**3. 내 공간을 온전히 소유하는 법을 배우면 그 공간에
들일 사람을 선별하는 게 어렵지 않게 된다.
나는 특별한 사람이므로 내가 남들을 존중해준 만큼
나도 그들의 존중을 받을 자격이 있다.**

them.
them.
them.
them.
them.

them.
them.
them.
them.
them.

무슨 일이
있어도,
꼭 기억해.
남들 때문에
생기는
네 감정을
바꾸는 건
너한테 달렸어.

자꾸 네 과거를 들먹이는 사람들은 아직도 그 과거 속에서 헤어나지 못한 사람들이야. 우리가 제대로 받아들이지 못하는 진리가 있어. 사람들이 널 대할 때는 너에 대한 느낌이 아니라 자기 자신에 대한 느낌에 따른다는 거지. 그 사람들이 살짝 관심 종자라서 그런 거야. 넌 누구와 사이가 나빠지면 너 자신을 먼저 탓하지? 하지만 네 탓이 아니야. 세상에는 좋은 걸 가져도 전에 그런 걸 가져본 적이 없어서 어떻게 다루어야 할지 모르는 사람들이 많아. 만나는 사람마다 네가 나서서 그들이 자기 인생을 사랑하게 만들어줘야 하는 건 아니야.

자기 인생을 사랑하지 않는 사람들도 있어. 그건 너와 상관없는 일이야. 자기혐오에 빠진 사람들은 곧잘 잘못된 판단을 내리지. 너도 알 거야, 누군가 너에 대해 엉뚱한 오해를 한다고 해서 그게 네 가치에 영향을 주진 않는다는 걸.

우리의 이익을 최우선으로 생각하지도 않는 사람들로부터 우리 자신을 지켜내는 건 당연한 거야. 그런 일로 찜찜해하지 말자. 네 기분이 어떤지 전달하면서 그 말 때문에 상대가 멀어질까 봐 걱정하지도 말고. 네가 바운더리를 확실하게 설정한다고 그걸로 멀어지는 사람이라면 그 사람한테는 네가 과분한 거야. 그들에게 말해. "당신이 잘못된 판단을 내려놓고, 내가 착한 걸 이용해서 책임을 떠넘기지 말라"고.

남이 한 선택에 너무 신경 쓰면 네 마음만 뒤숭숭해져. 자기들이 신경 쓰이면 알아서 조심할 거야.

나는 말이야, 사람과의 친밀함도 회수할 수 있었으면 좋겠어. 너를 지금처럼 알고 지낼 자격이 없는 사람들도 분명 있을 거야. 남들이 뭐라고 하든 네 감정이 가장 중요해. 네 감정에 확신이 없고 긴가민가하면 네가 이용당하고 있는 건 아닐까 곰곰이 생각해봐. 그런 느낌이 든다면 네가 이용당하고 있는 게 맞아. 네 직감은 네가 인지하기 전에 불균형 상태를 감지할 수 있거든. 그러니까 네 발전을 위해 눈을 높여야 한다면 망설이지 말고 눈을 높여.

네가 눈을 높이면 사람들은 엄청 싫어하겠지. 자기들도 눈을 높이고 싶지만 그런 능력이 있기나 한지 모르겠거든. 네 현실이 시궁창이라도 잘 먹고 잘 사는 사람들한테 눈을 돌려보면 배우는 게 있을 거야. 사촌이 땅을 사면 배가 아픈 법이라는 걸. 너한테 너무 많은 걸 바라는 게 아니냐고 가장 먼저 말할 부류는 바로 눈이 낮은 사람들이야.

가끔 너한테 못되게 굴면서 희열을 느끼는 사람들이 있지? 그 사람들이 그러는 이유를 도통 모르겠다고? 그게 자기들 인생에 대한 지배력을 되찾는 지름길이거든. 내 말 명심해. 남들이 무슨 짓을 하든 너 때문에 그러는 게 아니야. 그러니까 원인을 너한테서 찾지 마.

그리고 사람들이 너에 대한 호감을 모욕으로 가리려고 하는데, 그건 주도권을 잃을 것 같아서 그러는 거야. 그들은 주도권을 쥐려면 자기가 너보다 더 힘이 세다는 걸 어필해야 한다고 생각하거든.

하지만 우리는 모두 하나만 알고 둘은 모르고 있어. 남을 아프게 하면 나도 아파진다는 걸. 그 아픔은 시간이 흐르고 나서야 뼈저리게 느끼게 되지.

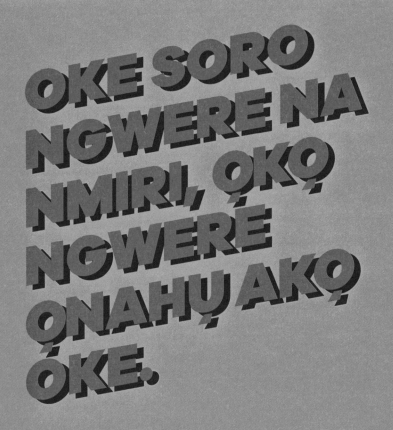

OKE SORO NGWERE NA NMIRI, ỌKỌ NGWERE ONAHỤ AKỌ ỌKE.

엄마가 내 귀에 못이 박이도록 가르쳐준 진리야. 네가 목매달고 추종하는 그 사람을 조심해. 너와 공통점도 많고 비슷하다고 해서 너도 그 사람과 똑같은 환경에서 살아남을 수 있는 건 아니야. 어떤 사람들에게는 인생이 툭 던져주는 특정한 상황에 어떻게 적응하면 되는지 알게 된 경험이 있어. 네 절친이 약에 취해봤는데 너무 좋았다고 해도 너까지 똑같으리란 법은 없는 거야. 너는 그 약이 너무 싫을 수도 있고, 안 맞을 수도 있거든. ***인생 스포일러*** 심지어 죽을지도 모르고.

새로운 걸 시도하지 말라는 말이 아니야. 그저 모든 걸레를 다 꽉 짤 필요는 없다는 거지. 네가 모든 걸 다 몸소 체험해야 하는 건 아니거든. 특히 네 육감이 하지 말라고 한다면 더더욱. '적응'이라는 말은 사실 과대평가되었어.

무슨 뜻이냐면…
쥐가 도마뱀 따라
비를 맞으면 쥐만 물에 빠진
생쥐 꼴 된다.

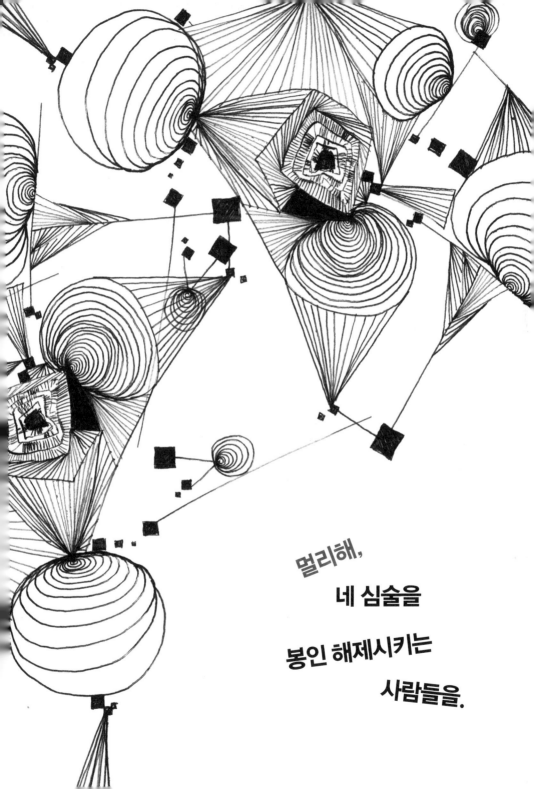

멀리해,

네 심술을

봉인 해제시키는

사람들을.

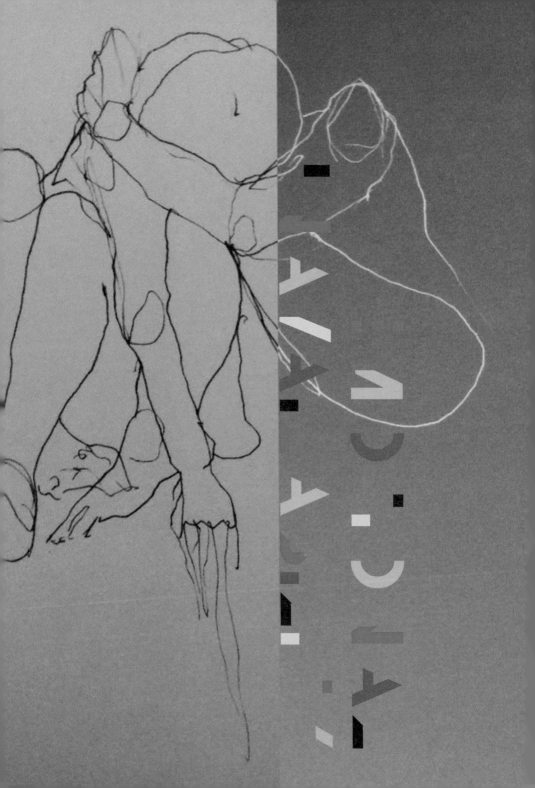

정서적
유대 불능족

정서적 유대 불능족은 네가 끊어버려도 어김없이 돌아올 거야.
너에 대한 주도권을 원하니까. 그 사람들이 원하는 건 네가 아니야.
그들이 너한테 돌아오면 넌 우쭐하겠지. 하지만 넌 그 상황을 얕잡아 봤어.
네가 친절을 베풀 때마다 그걸 교묘하게 이용했던 사람은 전보다 더하면 더했지,
절대로 너한테 굽히진 않을 거야. 네 인생에 다시 쳐들어간 후에는 널 다시
자기 밑으로 깔아놓으려고 더 안간힘을 쓸 테니까. 마음 약한 사람은 마음대로
쥐락펴락하기 쉽거든.

정서적 유대가 불가능한 사람들은 너를 진심으로 소중하게 생각하지 않아.
그들이 네 주변에 있는 이유는 오직 한 가지, 네가 자기들의 감정을
합리화해주니까. 그 사람들에겐 그게 중요하거든. 잊지 마, 정서적 유대 불능족은
자기감정을 두려워한다는 걸. 그러니까 너하고도 제대로 감정을 교류하지 못해.
그런 사람들은 감정을 묵살하거나 억누르지.

정서적 유대 불능족의 내면에는 너한테 행사하는 힘을 잃게 될까 두려워하는
마음이 있어(명심할 점: 그런 부류는 종종 사랑과 상실을 결부시키지).
그런 족속들이 얼마나 자주 네 문자나 트윗, 이메일을 '읽씹'(메시지를 읽고
답장하지 않는 것)하는지 너도 눈치채고 있을 거야. 네가 왜 답을 안 하냐고
화를 내면 너를 무슨 스토커 취급하고 말이지. 그런 부류는 너를 무시하는 걸로
자존심을 세우거든. 널 무시할수록 넌 무시당하지 않으려고 더 노력할 테니까.
그럼 그들은 널 더 함부로 대하지. 어서 네 힘을 되찾아. 아직 늦지 않았어.

정서적 유대가 불가능한 사람들의 급소를 찌르고 싶지?
연락을 딱 끊고 네 생각에 접근할 수 없도록 SNS에서 그런 사람들을 다 차단해.
네 공간은 네 거야. 힘의 역학을 바꿔버려.

그런 사람들을 차단하면 주도권을 네가 빼앗을 수 있어.
어떻게 그게 가능하냐고? 우선 그들은 너에 대해 아무것도 알지 못하게 돼.
네가 무슨 생각을 하는지, 어디서 뭘 했고 어떤 기분인지도. 하지만
그들은 자존심을 지키려고 차단당한 걸 너한테 '이겼다'고 해석하며
혼자 정신 승리하고 있겠지. 그런 부류에게는 모든 게 파워 게임에
지나지 않으니까. 또 그런 사람들은 너를 칭찬하는 법도 없을 거야.
네 존재 가치에 대해 네가 알아차리면 곤란하니까. 그러면 네가 자신들을
떠날 걸 아니까.

누군가를 '너무 감정적'이라고 비난하는 사람은 정서적 유대가 불가능한
사람이야. 자신을 잘 알고 있는 성숙한 사람은 감정을 드러내는 걸로 타인을
비난하지 않아. 하지만 정서적 유대 불능족은 대개 감정 이입을 잘 못하고,
타인에 대한 공감 능력이 떨어져. 그들은 앞으로도 변할 가능성이 별로 없어.
그들의 주요 관심사는 자기 자존심이니까. 만일 네가 누군가와 친해졌는데
(이상할 정도로) 그 사람이 자신의 약한 모습을 감추려 한다면,
그 사람은 겁쟁이인 데다 그 두려움을 자존심으로 위장하고 있는 거야.
그들에게 중요한 건 뭐라고? 자존심이야. 너와의 유대감보다. 다시 한 번
말하지만 그들은 널 이용해서 자기 자존심을 세우고 있는 거야.

한번 잘 생각해봐. 나약한 면을 철저히 감춘 채 누군가와 끈끈한 사이가 된 적 있었어? 자신의 약점을 보여준다는 건 자존심을 버린다는 의미야. 그들은 그걸 제일 무서워하지. 속 보이게 자기들이 필요할 때만 너를 찾아오고, 정작 네가 그들에게 도움을 청할 때는 잠수를 탔을 거야. 네가 찾을 때는 항상 바빠서 코빼기도 보이지 않더니, 널 이용하고 싶을 때는 시간이 널널한 얌체들이라고!

그런데 아이러니한 건 감정적 유대 불능족은 자기 곁을 떠나는 사람을 더 좋아해. 그 반대가 아니라. 자기애가 있는 사람은 자신의 바운더리가 확실하고, 아니다 싶은 사람들은 그 안에 절대 들이지 않아. 이런 사람만큼 매력적인 사람이 없는데, 인간은 늘 무의식적으로 가질 수 없는 것에 마음이 끌리게 되어 있어. 한 번 가져봤지만 지금은 떠나고 없다면 다시 가지고 싶어 안달복달하게 되지.

그래서 네가 아무리 끊어내도 그들이 자꾸 돌아오는 거야. 그들에게 너는 익숙하고, 너와의 기억은 미화되어 있거든.

너에게 자신의 나약함을 숨기려는 사람은, 너와 깊은 관계를 맺는 것보다 자기 자존심을 더 중요시하는 걸 수도 있어. 자존심은 공포의 산물이야. 자아(自我)는 불확실한 상태를 두려워하는데, 그때 자존심이 나타나 자아를 보호해주지. 자아는 나약함을 위협 요소로 생각하거든. 하지만 누군가를 사랑하게 되면 자아가 쌓아 올린 벽이 조금씩 허물어지는데, 자아에게는 그게 악몽이나 다름없어. 누군가 너에게 약한 모습을 보이지 않으려고 오히려 자존심을 내세운다면 그 사람은 널 건강한 방식으로 사랑할 수 없어.

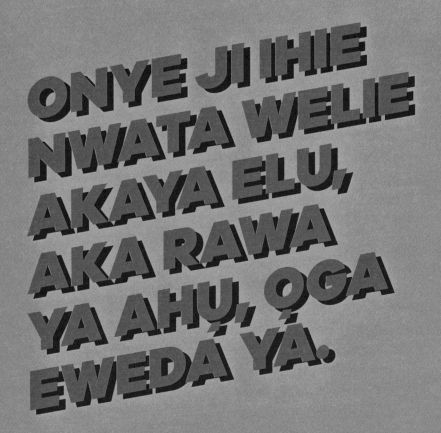

ONYE JI IHIE NWATA WELIE AKAYA ELU, AKA RAWA YA AHỤ, ỌGA EWEDA YA.

널 괴롭히는 사람들도 결국엔 괴롭힘을 그만둘 거야. 그렇게 소심하고
불안정한 사람들은 손아귀에 넣은 사람의 반응을 보면 좋아 죽지.
하지만 피해자가 자신들의 수법을 꿰뚫었구나 싶으면 그만두더라고.

무슨 뜻이냐면…
아이에게 빼앗은 장난감을 높이
들고 있는 사람은 팔이 아프면
내리게 되어 있다.

절대로
사람들에게
널
배신할
두 번째
기회는
주지 마
아무리
사소한 일이라도
아무리
대단한
일이라도.

널 배신한 게 얼마나 '오래된' 일인지는 중요하지 않아.
네가 느끼기에 그 사람이 상종할 가치가 없으면
그 입장을 고수해. 그 사람이 너한테 '미쳤다'고
헛소리를 해도 눈 하나 깜빡하지 않고 무시하는 거야.
그건 물고기가 죽기 전에 마지막으로 팔딱거리는 것과
같으니까. 너한테 잘 보이려고 좀 '착하게' 굴면
한 번만 더 기회를 줘볼까 싶겠지. 하지만 지금
너한테 잘한다고 배신당했던 후유증이 완전히
치유되는 건 아니잖아.

네 마음의 평화를 먼저 챙겨.

그런 사람들은 네가 왜 다시는 말조차 섞기 싫어하는지
이유를 들을 자격도 없어. 너와 대화할 수 있는 특권을
주지 마. 나 정도의 자기애 경지에 이르면 연락을
완전히 끊는 사람들도 생길 거야. 나와의 연락 자체가
그들에게는 엄청난 영광이지.

MGBE NKITA HURU OZU QKUKQ...

우리 엄마는 나한테 이그보우어로 입버릇처럼 말했지.
"닭이 개 시체를 보는 건 괜찮지만 개가 닭 시체를 보면 안 된다."
왜냐고? 보자마자 누구나 그 개가 닭을 죽였을 거라고 넘겨짚으니까.

이 세상은 병에 걸려 시름시름 앓고 있어. 인종 차별주의라는 병.
이때 닭은 백인이고, 개는 흑인이지. 우리 흑인들은 닭 시체를 쳐다보는 개가
되지 않으려고 매사에 조심, 또 조심해야 돼. 총기 소지가 허용된 국가에서도
우린 무장하지 못해. 안 그래도 늘 위험한 사람 취급이니까. 그래서 우린
사전 조사라는 혜택을 누리지 못하고 현장에서 경찰의 총에 맞아 죽기 일쑤지.

백인은 총기 난사 사건을 저질러도 멀쩡하게 살아 구속되기도 해. 잊지 마,
닭은 개 시체를 봐도 괜찮다는 걸. 닭이 개를 죽였을 리가 절대로 없거든!

무슨 뜻이냐면…
개가 닭 시체를 보면…

왠지 이상하게
만나고 나면
진이 빠지는 친구

그런 친구는 만나기로 해놓고 툭하면 널 바람맞히지. '바빠서 까먹었다'거나
'갑자기 일이 생겼다'고 하면서. 게다가 그런 일이 한두 번도 아니고 말이야.
너무 반복되니까 이제는 어떤 패턴인지 눈치챘을 거야. 그 패턴의 숨겨진 뜻은
이런 거지. '난 사실 너한테 별 관심이 없어. 네가 내 기분도 잘 맞춰주고
맞장구도 잘 쳐주니까 시간 죽여야 할 때 만나기 좋더라고. 하지만 지금은 내가
초집중해야 할 일이 있거든. 그러니까 넌 뒤로 빠져 있어. 기분 내키면 부를게.
어차피 넌 날 기다릴 테니까.' 사람들은 꼭 필요한 일을 뒷전으로 미루지 않아.
진짜 급한 일이 생기면 최대한 빨리 얘기해주고, 다시 만날 약속을 잡을 거야.
그렇게 번번이 펑크 내지는 않는다고. 혹시 네가 당하는 쪽이라면 이제부턴
그 사람 연락에 답을 하지 마. 그 사람과는 덜 만날수록 좋아. 너와의 시간을
소중하게 여기는 사람에게 네 시간을 내어줘. 잊지 마, 네 시간을 아껴주지 않는
사람은 너도 아껴주지 않는다는 걸.

반대로 네가 지키지도 못할 약속을 남발하는 쪽이라면 당장 그만둬.
약속을 밥 먹듯 어기는 이유는 불안감 때문인 경우가 많아. 나도 한때는 미치게
불안했거든. 그러니까 선배로서 조언해줄게. 사방팔방에 못 지킬 약속만 하고
신뢰 없는 사람이 되느니, 일정한 거리를 두고 떨어져 있는 편이 훨씬 나아.

네가 잘될 때 진심으로 축하해주던 절친이 어느 날 갑자기 돌변한 적은 없었어?
외부의 인정에 너무 의존해서는 안 되지. 그것 못지않게 반드시 명심해야 할 건
'친구'는 네 기쁜 일에 함께 기뻐하는 사람, 너를 늘 응원해주는 사람,
때론 포기하지 말라고 채찍질해주는 사람이란 거야. 친구가 너한테 갑자기
싸해졌다면 무엇 때문인지 파악해야 해. 아니었으면 좋겠지만 너를 질투해서
그런 걸 수도 있어. 특히 네가 그 친구한테 매번 좋은 소식만 전하고 있다면.
사람이니까 시기심이 생길 수 있지. 잘되고 있는 널 볼 때마다 자신이 바랐던
꿈이 자꾸 떠오를 테니까. 그 친구 인생이 지금 정체기라면 더욱 그렇겠지.

질투를 한다고 나쁜 사람인 건 아니야. 약속을 어긴다고 나쁜 사람인 것도
아니고. 그런 행동들은 모두 심리적 문제에 대한 반응일 뿐이거든. 육감이
경보를 울리는 사람과는 최대한 어울리지 않는 게 현명해. 하지만 그런 사람들을
미워하진 말고 연민하자. 이 세상에는 자기 안의 악마와 싸우고 있는
딱한 사람들이 의외로 많으니까.

이건 적신호야. 좋은 건지 싫은 건지, 스스로의 마음도 잘 모르는 사람들은
자기 입으로 험담을 해놓고도 이익이 될 것 같으면 거머리처럼 달라붙어.
우유부단할 뿐만 아니라 믿음이 안 가는 타입이지. 그런 사람들은 위험해.
사실 그런 사람들은 자기 자신조차 믿지 못해.
그런 유형은 어찌 보면 상대방을 질투하면서 동시에 좋아하고 있는 거야.
이렇게 오락가락하는 사람을 만나면 너로서도 그 사람의 감정이 어느 쪽인지
가늠하기 어렵고, 어리둥절해질 때가 많을 거야. 그렇긴 해도 그런 사람을
나쁜 사람 취급하진 말자. 아직 철이 안 들어서 그런 거니까. 그리고 남들은
모르는 불안을 극복하는 중일 수도 있어. 정신이 충분히 성숙하지 못해서
도덕적 일관성을 갖추지 못했을 뿐이고.
누구나 철들기 전에는 약속을 번복하거나 구제 불능 위선자였던 적이 있었어.
안 그래? 그것도 다 인간이 되어가는 과정이지. 그렇다고 칭찬받을 만한 일은
아니지만. 네가 혹시라도 지금 그런 행동을 하고 있다면 이런 질문들을
스스로에게 해봐.

줄곧 '극혐한다'고 말했던 사람들과
갑자기 어울려 다니기 시작하는 사람들!

무엇 때문에 싫은 사람한테 끌리는 거지?

그 사람이 왜 싫을까? 내가 싫어하는 내 모습이
그 사람한테 겹쳐 보이는 건가?

그 사람이 떠오르게 만드는 내 모습이 짜증 나는 건가?

아니면 내가 원하는 걸 그 사람이 하고 있고, 나는 아직
버둥거릴 뿐이라 화가 나는 건가?

내 좌절감을 그 사람한테 투영하고 있는 건 아닐까?

ONYE NA ERE IGBE OZU NA EKPE EKPERE ỌNWỤ NDE ŃMADỤ, MANA ỌNA-ATU UJỌ ỌNWỤ KARỊA ONYE OBỤLA.

못된 사람은 웃기는 게, 누군가 자기한테 못되게 굴면
아주 정색을 하지.

무슨 뜻이냐면…
관 장사꾼은 누군가
죽길 바라지만, 자기 죽음은
그 누구보다 두려워한다.

까먹었다는 말은 때로, 기억할 정도로 신경 쓰지 않았다는 뜻일 수도 있어.

이 부분은 상황을 예로 들어 생각해보자. 정확한 기준이 있는 건 아니니까.
네가 좋아하는 사람이, 절대 잊어버릴 리가 없는 일을 잊어버린다.
그럼 알아차릴 거야. 네가 좋아하는 사람이, 작지만 너에게는 의미 있는 일을
지나친다. 그럼 알아차릴 거야. 너라는 존재를 좋아하는 게 아니라,
네가 아니라도 누가 곁에 있는 걸 좋아하는 것 같다. 그럼 알아차릴 거야.

넌 알아차리게 될 거야.

누군가를 이용할 때 사람들은 다 알면서 그러는 거야.

사과를 한다고 의도가 바뀌는 건 아니지.

금방 눈치채지 못했다고 네가 바보는 아니야. 안타깝게도 '착한 사람'이 반드시 보답을 받는 세상은 아니니까. 중심을 잘 잡고, 거절할 때 확실하게 거절하기란 참 힘들지. '착한 사람'이라는 말은 과대평가되었어. 착한 사람은 천사나 요정이 아니야. 착하다는 건 인간이 지닌 기본 에티켓에 지나지 않아. 널 원할 정도로 지혜로운 사람이라면 널 제대로 대우할 정도의 지혜도 있겠지. 그런데도 널 이용해먹기만 하는 사람들이 있어. 이기적인 사람들. 그들에게는 친절을 베푸는 게 피곤한 일이거든.

하지만 이기적인 사람들도 꼭 필요한 존재야. 사실 난 내 평생 마주친 이기적인 사람들이 한 명 한 명 정말 다 고마워. 그들이 내 뒤통수를 쳐준 덕분에 나 자신을 직시하게 되었거든. 그리고 터득했지. 그들의 이기심이 나한테 얼마나 비수였는지 그들에게 말해줄 때 죄책감을 느낄 필욘 없다는 걸. 네 인생에 이기적인 인간들이 출몰하는 이유는, 너 자신을 먼저 사랑해야 한다는 진리를 깨우쳐주기 위해서야.

기쁜 소식을 함께
나눴는데도 묘하게 죄책감과
찝찝함이 남는다고?

넌 엉뚱한 사람과
함께
나누고 있었던 거야.

ONYE JI IHIE GỊ SORO GỊ NA ACHỌ YA, ! GAHỤ AHỤ YA.

사람을 가려가며 조언을 받아.
남을 잘 조종하는 사람은 남의 상처를
후벼 파는 재주가 있거든.

무슨 뜻이냐면…
네가 도둑맞은 물건을 같이
찾아주겠다고 나선 사람이
그 도둑놈이라면 넌 절대로
물건을 되찾지 못할 것이다.

걱정하지 말고 네 눈을 마음껏 높여! 네 눈을 낮춰도 될 만큼 가치 있는 일은 아무것도 없으니까. 네가 받아야 하는 부분은 한 치의 양보도 하지 마. 스스로 **눈**을 높이면 남의 관심은 구걸하지 않을 거야. 너 자신의 관심을 듬뿍 받고 있으니까!

겁내지 말고 네 **눈**을 마음껏 높여. 그 눈높이에 기꺼이 맞추겠다는 사람이 얼마나 많은지 알고 나면 깜짝 놀랄걸. 나도 전에는 내 **눈**이 하늘을 찌를 만큼 높은 건 아닐까 걱정했어. 그런데 내 눈높이에 맞춰주는 사람들이 저절로 나타나더라고. 네 인생이니까 네 **눈**높이는 스스로 정해도 되는 거야.

네 자신이 얼마나 소중한 존재인지 깨달으면 네 **눈**높이는 저절로 높아질 거야. 가치 있고 특별한 이유 때문에 이 세상에 태어났다는 것도 이해할 수 있게 될 테고. 그러니까 네가 원치 않으면 그 누구의 **눈**높이에도 맞추지 마.

일단 **눈**을 높인 다음에는 외롭다고 다시 눈을 낮추지 않도록 해야 해. 따분하거나 외로워지면 인간은 잘못된 결정을 내리기 딱 좋거든.

그리고 주의할 점이 또 있어. 네가 그은 선을 침범하고 싶어 하는 사람들을 간혹 만나게 될 거야. 네 요구 조건에 틈은 없는지, 공격할 거리는 없는지 찾아내려고 혈안이 된 그런 사람들을 조심해. 그리고 너도 인간이니까 때때로 **눈**을 낮추고 싶은 유혹에 시달릴 때가 올 거야. 네 인생을 풍요롭게 만들어줄 것 같아서 예외로 삼고 싶은 사람을 만날 때도 있겠지.

네가 **눈**을 높일수록 타협의 유혹도 강해진다는 사실은 아무도 알려주지 않았겠지. 인생을 꼼꼼하게 운영하는 사람은 고립될 가능성이 커. 인생의 질을 높이겠다는 생각을 누구나 다 하는 건 아니야. **눈**을 높이면 지금까지 즐겁게 지내던 사람들과 멀어지거나 아예 안 만나게 될지도 모르니까. 이게 바로 **눈** 높이기의 일장일단이야. 하지만 너 자신을 선택해서 후회하진 않을 거야. 네 눈높이를 우선한다고 이기적인 사람이 되는 것도 아니고.

눈높이를 계속 유지하기가 쉽지 않을 거야. 그럴 땐 과거의 고통을 떠올려봐. 나에겐 일부러 다 퍼내지 않고 남겨둔 분노가 있어. 내 말투나 자아를 왜곡시키지 않는 한, 그 분노는 꽤 유용하지. **눈**을 낮추고 싶어 미칠 것 같을 때 끄집어내어 바라보면 예전에 겪은 고통이 정신을 번쩍 들게 해줘. 그렇게 눈을 낮추고 싶은 유혹에서 나를 보호해주는 거지.

눈을 높일 때마다 인생은 새로운 미션을 던져줄 거야. 네가 너 자신을 얼마나 진지하게 생각하고 있는지 확인하라고 말이야. 가장 어려운 미션은 대인 관계 문제일 때가 많지. 어리바리하게 있다 실수하지 말고 늘 조심해. 조심해서 손해 볼 건 없으니까.

모든
사과가
진정성
있는 건
아니야.

가끔은 자기 잘못을 인정하거나 네 신뢰를 회복하려고 사과를 하는 게 아니라, 자신의 죄책감을 덜려고 사과하는 사람들이 있을 거야. 물밑 작업의 일환으로 사과하는 사람들도 있을 테고. 나중에 너한테 부탁할 게 있거나 과한 호의를 요구하려고 말이야. 물밑 작업이 좋다 나쁘다 얘기할 순 없겠지만, 사람들이 자꾸 그런 식으로 부탁을 하면 너한테 득 될 게 없겠지.

사과하는 타이밍도 눈여겨봐야 해. 진정한 친구라면 너와의 우정을 소중히 생각해서 최대한 빨리 잘못을 인정하고 사과하겠지. 하지만 애초부터 널 정말로 좋아한 적이 없던 친구라면 어떻게 해서든 질질 끌다가 마지못해 미안하다고 할 거야. "네가 정말 자랑스러워. 연락 안 한 사이에 엄청 발전했네" 같은 대사를 날린다면 바로 눈치를 채야 해. 자신의 바람과는 달리 네가 꽤 잘 살고 있는 걸 알고 찾아온 거니까.

진정성이 느껴지는 사과는 너도 금방 알아차릴 수 있을 거야. 암, 그렇고말고. 사이가 틀어진 다음에도 인생은 계속되고 시간은 저절로 흘러가지. 시간이 많이 흘렀다고 그동안 상대가 더 많이 반성했을 거라는 보장은 없어. 시간의 양과 진정성이 꼭 비례하는 건 아니라고. 그러니까 네 직감을 믿어. 직감은 절대 거짓말하지 않으니까.

NGE NWATA NA EBE AKWA NA-ATỤ AKA, IHIE NA EMEYA AKWA NỌ NGAHỤ,

그 '우는 아이'가 바로 네 직감이야. 연기가 나는 곳에 불이 있는 법.
직감을 무시했다간 큰코다칠 수 있어. 매번 직감을 외면하다가 내면의
목소리로부터 '그러게 내가 뭐랬어?'라는 잔소리를 반복해 들으면 너도
깨닫게 되겠지. 직감이 하는 말만 잘 들어도 인생은 다시 제자리로 돌아갈 거야.
남들이 하는 조언을 들으려고 여기저기 찾아다니는 짓은 그만 좀 해. 이제
네 직감이 이끄는 대로 따라봐. 그 우는 아이가 범인을 가리킬 때가 있을 거야.
네가 꼭꼭 감춰왔던 안 좋은 습성을 끄집어내려는 사람이 범인이지.
영양가 없는 사람이지만 함께 있으면 정말 시간 가는 줄 모르고 즐거울 수도 있어.
재미있게 놀았다고 해서 시간을 효율적으로 쓰고 있었던 건 아니지.
특히 네가 목표를 향해 한눈팔지 말고 전진해야 할 때는 더 그렇고.

무슨 뜻이냐면…
우는 아이가 가리키는 곳에
아이를 울린 범인이 있다.

마음
열기가
두렵다면?

문제

우리의 밝은 면에 이끌려 다가왔다가, 그 밝은 면을 있게 한 어두운 과거를
발견하고는 도망치는 사람이 있을지도 몰라. 처음엔 나도 이해를 못했지만
이제는 이해가 돼. 네 어떤 면이 싫다고 도망치는 사람은, 자신에게서도
같은 면을 발견하면 그때도 도망칠 거야.

열심히 노력해서 자기 자신에 대해 공부하고 이해하면 타인도 이해하기 훨씬
쉬워지기 마련이지.

자기 자신으로부터 도망치는 사람에게, 타인으로부터 도망치는 거야
식은 죽 먹기지. 상대가 눈치챌 틈도 없이 교묘하게 사라지거나 어떤 때는
아주 대놓고 내빼기도 해. 어느 날 네 인생에 파도처럼 요란하게 나타났다가
썰물처럼 순식간에 빠져나간 사람이 있을 거야.

심심할 때만 너를 찾는 사람을 짝사랑하는 것만큼 허무한 일이 없지.
반드시 잊지 말아야 할 오늘의 교훈! 자기 좋을 때만 너한테 잘해주는 사람한테
네 소중한 열쇠를 주지 마. 그 사람은 그 열쇠로 네 인생을 싸구려 모텔처럼
부담 없이 들락날락할 테니까.

해결책

그런 사람들은 너와의 약속을 걸핏하면 어기고 연락도 안 되지.
그러면서 미안해하는 기색도 없을 거야. 그런 낌새를 빨리 알아차려야 해.
네 시간을 존중하지 않는 사람은 너도 존중하지 않는 거야.

이미 한 번 널 거부했던 사람과 다시 만날 때는 마음 열기가 무서울 수 있어.
그럴 땐 아주 천천히, 느리게 열어봐. 너 자신을 아주 조금씩, 찔끔찔끔 나누면서
상대가 네 이야기에 얼마나 귀를 기울이는지 살펴보는 거지. 그러면 너를
얼마나 존중하는지 가늠할 수 있을 거야.

때로는 우리를 알고 지낼 자격이 없는 사람들도 있고.

넌 아무도
구할 수 없어.

시나리오: 자, 넌 완벽하게 마음에 드는 사람을 만났어. 아무리 생각해도
넌 그 사람한테 푹 빠진 것 같아.

• • •

그런데: 그 사람은 흡연자야. 넌 흡연자라면 딱 질색이지. 흡연은 시간이
걸리는 자살 행위라고 생각하니까(이 세상에서 쾌락적인 일이 거의 다 그렇듯).
넌 그 사람에게 금연하라고 할 거야. 그 사람의 건강을 생각해서(하지만 내심은
널 위해 그래주길 바라지. 너에 대한 사랑을 보여주길 원하니까).

그 사람이 담배에 불을 붙이는 걸 볼 때마다, 넌 대놓고 끊으라고는 못하고
흡연이 얼마나 해로운지 설명하려고 애쓰겠지. 그러면 상대도 직접적으로
너에게 잔소리하지 말라고는 못하고, 자신에게 담배가 필요한 이유를
얘기할 거야. 넌 그 얘기에 또 '내가 너무 심했나, 잔소리로 들렸나' 싶어
뜨끔하겠지. 그런 일이 반복되면 결국엔 네가 먼저 포기하고 두 손 두 발
다 들게 될 거야. 해탈한 사람처럼 상대를 있는 그대로 받아들이고 나면,
넌 당사자가 스스로 달라지겠다고 마음먹지 않는 한 사람은 바뀌지 않는다는
진리를 깨닫게 되겠지.

이 시나리오의 교훈: 네가 사랑하는 사람이 너로서는 도저히 포용할 수 없는
습성이 있어서 괴롭다면 그 사람을 있는 그대로 받아들이든지, 아니면
그 부분까지 받아들여줄 다른 누군가를 만나도록 네가 놔줘야 해.

남을 바꾸려고 하면 결국 **너**만 바뀔 거야.

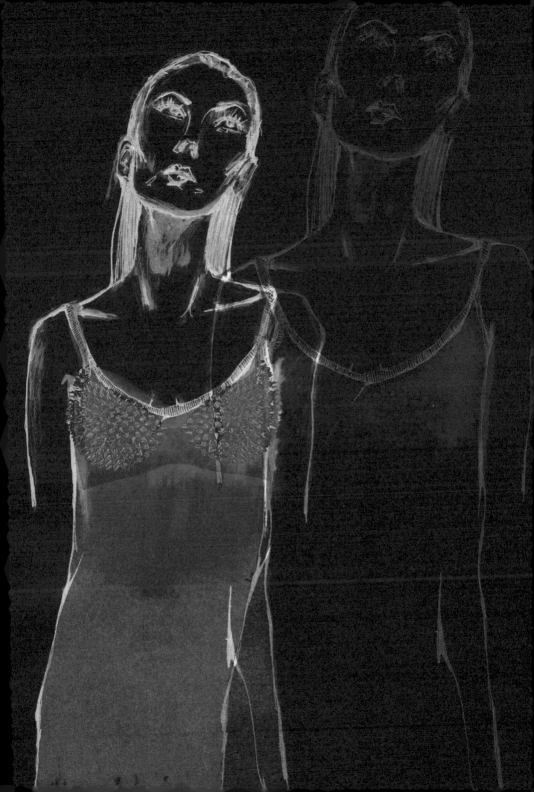

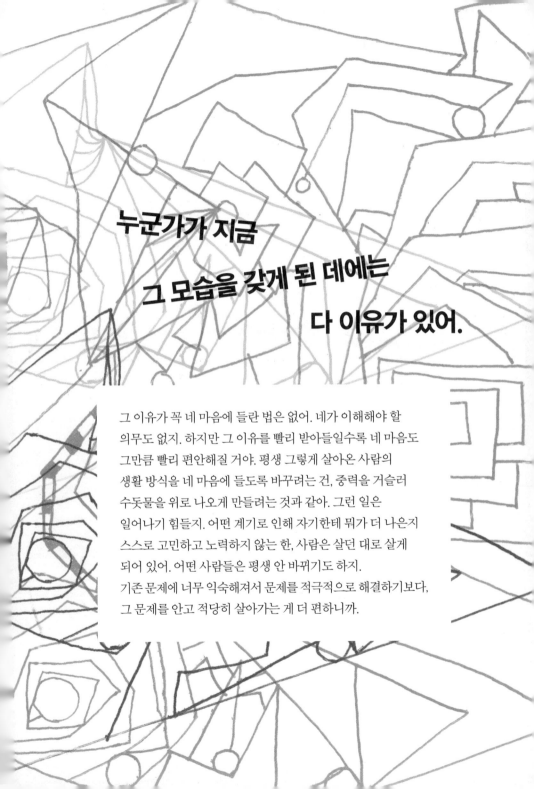

누군가가 지금

그 모습을 갖게 된 데에는

다 이유가 있어.

그 이유가 꼭 네 마음에 들란 법은 없어. 네가 이해해야 할
의무도 없지. 하지만 그 이유를 빨리 받아들일수록 네 마음도
그만큼 빨리 편안해질 거야. 평생 그렇게 살아온 사람의
생활 방식을 네 마음에 들도록 바꾸려는 건, 중력을 거슬러
수돗물을 위로 나오게 만들려는 것과 같아. 그런 일은
일어나기 힘들지. 어떤 계기로 인해 자기한테 뭐가 더 나은지
스스로 고민하고 노력하지 않는 한, 사람은 살던 대로 살게
되어 있어. 어떤 사람들은 평생 안 바뀌기도 하지.
기존 문제에 너무 익숙해져서 문제를 적극적으로 해결하기보다,
그 문제를 안고 적당히 살아가는 게 더 편하니까.

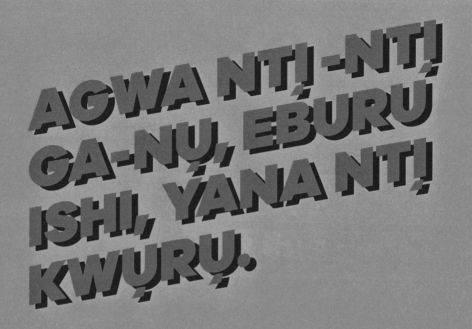

AGWA NTỊ -NTỊ
GA-NỤ, EBURU
ISHI, YANA NTỊ
KWỤRỤ.

귀에 못이 박이도록 말해도 귓등으로도 안 듣는 사람들이 있어. 네가 아무리
거기가 시궁창이라고 얘기해줘도, 직접 들어가서야 시궁창이었네 하고 깨닫는
사람들이지. 손을 써보기에는 너무 늦어서 네가 할 수 있는 게 아무것도 없는
인간들도 있고. 그런 사람들을 네가 고칠 수 있다는 건 망상에 불과해.
그건 마치 벽에 뻥 뚫린 구멍을 페인트로 메워보려는 거야. 페인트 정도로
메워질 리 없잖아. 측은지심은 품고 있되 이것만 명심해. 트라우마에 시달리는
사람을 네가 나서서 구해야 할 의무는 없다는 걸.

무슨 뜻이냐면…
귀에게 경고해도 귀가 말을 듣지
않지만, 머리를 잘라버리면 귀도
따라간다.

네 감정을
존중해주는
사람들을
곁에 둬.

같이 있으면 어느새 네가 너무 호들갑을 떨게 되는 사람은 없니?
아니면 네가 전에 없이 감정적인 모습을 보이게 되거나.
그런 사람들은 가까이해선 안 될 부류야. 네가 스스로의 직감을
의심하게 만들거든. 너는 오직 네 직감이 들려주는 말에만
귀 기울여야 하는데 그걸 방해하는 위험한 사람들이지. 사람들이
자기감정을 무시하는 건 대개 자기감정을 어떻게 다뤄야 하는지
배우지 못했기 때문이야. 이 세상에는 너에게 기꺼이 옆자리를
내어주는 사람이 있어. 시간을 두고 너를 이해해보겠다는
사람도 있고. 네가 그럴 가치가 있는 사람이란 걸 알아본 사람들이지.
그런 사람을 찾기 힘들다면 네가 스스로에게 그런 사람이
되어주는 건 어때?

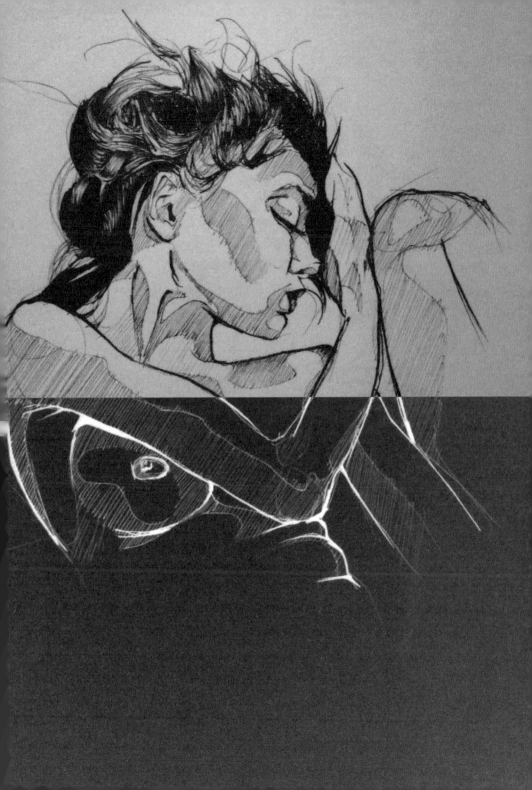

얼굴 내밀기

도움이 필요한 친구에게 "대화하고 싶으면 언제든 날 찾아"라고 말해놓고,
갑자기 바쁘다며 약속을 어기거나 연락을 피한 적이 있다면 넌 최악의 친구였어.
혹시 그 친구 곁에 있어주는 게 불편하고 부담스러워서 그랬다면 지금부터
차 한잔하면서 내 얘길 찬찬히 들어봐.

친구란 말에는 유대라는 뜻이 담겨 있어, 친구! 누군가에게 곁에 있겠다고
말해놓고 있어주지 않으면 그게 네 인성을 보여주는 거야. 넌 자신을 깊이
들여다봐야 하는 일이 닥치면 그냥 도망쳐버릴 거야. 잘 생각해봐.
정신적으로 힘들어하는 사람 곁에 있어주려면 네가 상대를 깊이 공감해야 해.
그렇게 공감하려면 간접적이더라도 그 힘든 상황에 빠져들어야 하지.

마찬가지로 **네가** 그런 상황이라 친구의 진심 어린 위로가 필요한데 모르는
척한다면 그 사람을 '친구'라고 부를 수 없어. 그런 사람은 버리겠다고 현명한
결정을 했다면 자축해도 좋아. 넌 잃은 게 없으니까. 사실 넌 큰 통찰을 얻은 거야.
네가 가장 필요할 때 얼굴을 내밀지 않는 사람은, 너랑 밥 먹을 자격도 없는
사람이라는 통찰.

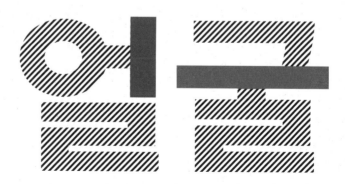

힘들 걸 뻔히 알면서 얼굴을 내밀 정도로 용감한 사람은 흔치 않아.
그러니까 네 곁에 있어주는 사람들한테는 고마워해야 해!

그리고 꼭 알아야 할 게 있어. 사람들은 모두 각자의 인생이 있고, 나름의
문제도 있다는 것. 시간 내서 친구들을 만나고, 좋아하는 축구 팀 경기도 보고,
트윗 날릴 시간도 있다면 너한테 말을 걸 시간도 있었다는 얘기야.
그러고 싶었다면. 하지만 너한테 말 걸 시간만 없었다면 널 소중한 친구로
생각하지 않는다는 거지. 그래도 마음 상하지는 마. 우리도 우리가 하고 싶은 일,
필요한 일에만 시간을 쓰며 살고 있으니까.

너한테 얼굴을 내밀 생각이 없는 사람들은 친절하게 출구로 안내해줘.
이건 네 인생이니까. 네가 주인이니까.

ATUWA IKPEM ANYA GHERE OGHE, EKETE NAWA NTI.

사람들은 본인이 찔리는 얘기를 들으면 말의 의도야 어떻든 자기를 공격했다고
생각하지. 네가 한 말을 그렇게 오해하는 사람이 있어도 네 탓이 아니니까
걱정하지 마. 공연히 상대의 마음을 들쑤시는 건가 싶어 네 입을 틀어막고 있을
필요도 없고. 네가 어떤 식으로 돌려 말하든 사람들은 자기 듣고 싶은 대로
들을 테니까. 넌 그냥 네가 알고 있는 진실에, 전하고 싶은 메시지에, 너 자신에
집중해. 사람들은 때가 되면 알아서 괜찮아질 거야.

무슨 뜻이냐면…
구멍이 숭숭 뚫린 물건 얘기만
나와도, 바구니는 자기 말 하나
싶어 귀를 쫑긋한다.

타인에게
친절하자.
아무

이유 없이.

친절을 베푼 다음 상대방이 어떤 반응을 하는지는 신경 쓰지 마.
분명 네가 바라던 반응을 해주는 사람은 별로 없을 테니까.
그냥 상대의 행복한 얼굴을 보는 걸로 만족하자. 그 사람이 네가 원하는 만큼
기뻐하지 않는다고 화를 내면 얼마나 쪼잔해 보이겠어. 네 의도도 순수하지 않고
잘난 척한다고 생각할 거야. 타인에게 베풀면 그만큼 네 인생에도 호의가
찾아올 테니까 마음의 여유를 가져.

친구가
잘나갈 때,
기쁘게
축하해주는
사람이 되자.

누군가의 응원,
때로는
그것만으로도
충분하지.

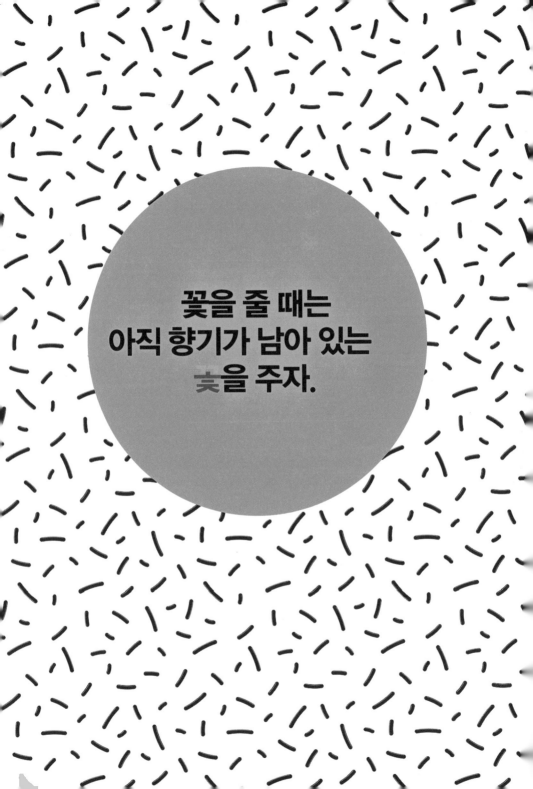

꽃을 줄 때는
아직 향기가 남아 있는
꽃을 주자.

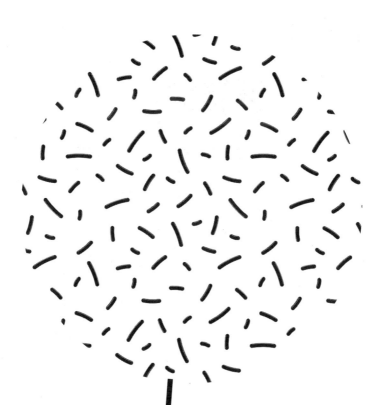

잠깐 상상해봐. 네가 더해준 의미를
사람들이 바로바로 알아주고 고마워하는
세상을. 반대로 넌 네 친구들이 전해준
가치를 그때그때 제대로 알아봐주고 있니?

있을 때 잘하자.
아니면 없어도 잘 사는 법을 배우든지.

캘린더에

공들여

네 생일을

저장해놓는

친구들을

꼭

붙 잡아.

내 말을 따라 해봐.

내 거라면 나한테 찾아오게 되어 있다.
내 거라면 나한테 찾아오게 되어 있다.
내 거라면 나한테 찾아오게 되어 있다.
내 거라면 나한테 찾아오게 되어 있다.
내 거라면 나한테 찾아오게 되어 있다.
내 거라면 나한테 찾아오게 되어 있다.
내 거라면 나한테 찾아오게 되어 있다.
내 거라면 나한테 찾아오게 되어 있다.
내 거라면 나한테 찾아오게 되어 있다.
내 거라면 나한테 찾아오게 되어 있다.
내 거라면 나한테 찾아오게 되어 있다.
내 거라면 나한테 찾아오게 되어 있다.
내 거라면 나한테 찾아오게 되어 있다.
내 거라면 나한테 찾아오게 되어 있다.
내 거라면 나한테 찾아오게 되어 있다.
내 거라면 나한테 찾아오게 되어 있다.
내 거라면 나한테 찾아오게 되어 있다.
내 거라면 나한테 찾아오게 되어 있다.
내 거라면 나한테 찾아오게 되어 있다.
내 거라면 나한테 찾아오게 되어 있다.
내 거라면 나한테 찾아오게 되어 있다.
내 거라면 나한테 찾아오게 되어 있다.

너와 인연이 있는 거라면 이미 곁에 와 있거나 오고 있는 중일 거야.
살다 보면 갑자기 인생이 미치도록 팍팍해질 때가 있어. 모든 게 모래알처럼
손가락 사이로 빠져나갈 때도 있고. 친구, 기회, 통장 잔고까지 죄다 말이야!
절망에 빠진 넌 '왜 나만 이래!'라는 문구를 벽에 붙이고 셀프 궁상 파티를
하게 될 거야. 피해 의식은 중독성이 굉장히 강하지만 그걸 극복하려면
늘 스스로 상기해야 해. 우리 몫의 행복은 오다가 딴 데로 샐 리 없다는 걸.
우리와 진짜 인연이 있는 거라면 지금 상황이야 어떻든 결국 잘될 거야.
어디로 날아가지 않고 우리 앞에 무사히 도착할 테니까 걱정 말아.
기회를 놓쳤다고? 그게 네 거였으면 진짜로 놓친 게 아니거나 언젠가 다른
형태로 나타날 거야. 아쉬워할 것 없어. 절교했다고? 실연했다고?
네 인연이었다면 잘됐을 거야. 안타까워할 것 없어. 지금 우리는 필요 이상으로
스트레스 받으며 살고 있어. 모든 건 다 제자리를 찾아갈 거야. 그 진리를
받아들이면 마음의 평화를 되찾고 눈을 뜰 수 있어. 너무 아등바등 살고 있는
기분이 (특히 대인 관계에서) 든다고? 아마 네 느낌이 맞을 거야.

진짜는 억지로 쥐어짠다고 되는 게 아니거든.

언젠가
너는 누군가에게
이 세상 전부가
될 거야.*

us. us.
us. us.
us. us.
us. us.
us. us.

us. us.
us. us.
us. us.
us. us.
us. us.

사랑받고
싶어 해도 괜찮아.

사랑에 관심 없다고 시크한 척하는 사람들은 자신을 보호하려고 일부러
방어막을 쌓는 건지도 몰라. 충분히 이해가 되지. 특히 과거에 상처받은
경험이 있다면 더욱.

네가 그렇게 시크한 얼굴로 살면서 속으로는 사랑받고 싶은 마음을 품고 있다면
창피할 것 전혀 없어. 우리는 모두 인간이잖아. 인간은 누구나 타인으로부터
존중받고 싶고, 자신의 진가를 인정받고 싶어 하니까. 사랑을 원한다고 나약한
것도, 궁상맞은 것도 아니야. 어딘가 부족하고 결함이 있는 것은 더더욱 아니고.
오히려 인간으로서 자연스럽고, 감정에 충실한 거지.
우리는 보통 사랑받고 싶은 욕망을 부정적으로 보곤 해. 그건 우리 세대가
과장된 자부심, 빠른 회복, 감정 억제를 긍정적으로 생각하기 때문이야.
여기서 우리가 꼭 알아야 할 게 있어. 자기감정을 숨기는 사람이 드러내는
사람보다 백만 배는 아프다는 거지. 자연스럽게 생겨나는 감정을 억지로
억누르려면 얼마나 힘들겠어? 시시각각 변하는 감정에 따라 얼굴 표정도 바뀌기
마련인데, 그걸 다 컨트롤하려면 얼마나 괴롭겠냐고. 그렇게 오랜 기간 뭘 봐도
냉담한 척하다 보면 진짜로 '무감각'해져버려. 사람들 대부분이 이 '무감각'을
대수롭지 않게 보는데, 감정에는 슬픔, 짜증, 분노만 있는 게 아니잖아.
기쁨, 환희, 즐거움도 있다고. 자기감정에 무감각해진 사람은 부정적인 감정뿐
아니라 긍정적인 감정에도 무감각해져. 느낄 수 있는 감정의 폭이 좁아지니까.
감정 표출의 두려움을 빨리 깨부술수록 마음의 평정을 되찾고, 행복감을 깊이
느낄 수 있어. 긍정적인 다른 감정들도.

사랑과
자존심은
물과
기름.
절대
섞일 수

누군가 너한테 약점을 안 보이려고
애쓴다면, 너보다는 자기 자존심이
더 중요해서 그런 걸 수 있어.
자존심은 두려움의 산물이지. 자아는
긴가민가한 상태를 아주 끔찍이
무서워해. 그때 자존심이 짠! 하고
나타나서 자아를 지켜줘. 자아는
약한 모습 보이는 걸 위협이라고
생각하거든. 하지만 사랑을 하면
자아가 열심히 쌓은 벽에 금이 가고
허물어지게 돼. 자아로서는 꾸고 싶지
않은 악몽일 거야. 누군가 너에게 약한
면을 보여주기보다 자존심을 더 내세우면
그 사람은 널 온전히 사랑할 수 없어.

없어.

짬뽕 신호(Mixed signals)는 알쏭달쏭하지 않아. 짬뽕 신호가 뭐냐고?
이거다 저거다 확실히 말하지 않고 애매모호하게 말하는 사람들의 전매특허지.
거절인 듯 거절 아닌 거절 같은 메시지 말이야.

짬뽕 신호는 꼭두각시놀음의 시작이야.

내가 경험한 건데, 사적으로 만나는 사람들이 뜨뜻미지근하게 행동하면
'거절'로 생각해야겠더라고. 그러면 내 마음이 편안해져. 살면서 하도
실망스러운 일을 많이 겪으니까 룰 하나를 정했지. '지금 날 원하지 않는다면
나중에도 나한테 연락하지 마라.' 이거 효과 좋더라.

인간은 자신이 원하는 게 뭔지 잘 알아. 미적지근하게 군다는 건 너한테
관심 없단 얘기야. 상대가 너에 대한 마음을 정하길 기다리는 중이라고?
네가 자신감을 기를 때라고 인생이 푸시 알람을 켜고 있네, 그걸 무시하지 마.
누군가가 널 알아봐주길 기다리고 있지 마. 네 진가를 모르는 사람은 계속
눈뜬장님으로 살라고 해!

인생은 짧고, 너는 소중한 존재야. '이제부터 너 자신을 사랑하라'고 누군가
큐 사인 주기를 기다리고 있니? 남이 널 어떻게 생각할지 신경 쓰지 말고,
오늘부터 너를 사랑해. 전혀 늦지 않았으니까. 짬뽕 신호를 보내는 사람들은
사람 헷갈리게 만드는 걸 좋아하지. 그래야 네가 자기한테 매달릴 테니까.
서로에게 필요한 존재라고 착각하면서. 그건 자존심을 세우려는 뻔뻔스러운
수작에 불과해. 거기에 말려들지 마.

혼자가 될지 모른다는 불안감은 훌훌 털어버려. 그러면 넌 뭐든 할 수 있어.
네 인생을 네 마음대로 요리할 수 있는 거지.

말뿐인 약속은 교란 수단인 경우가 많아. 넌 '날 무시하냐'며 투덜대지.
그러면 상대는 네 반응에 자기 마음이 더 아프다고 적반하장 작전을 쓸 거야.
넌 이제 질렸으니까 떠나겠다고 말해. 그러면 상대는 널 붙잡으려고
앞으로 다시는 그런 일 없을 거라고, 자기가 달라지겠다고 약속하지.
하지만 넌 이미 알고 있어. 달라지지 않을 테고, 똑같은 일이 반복될 거란 걸.
그런데도 넌 네 직감을 백만 번째로 무시하고, 또 그 사람을 믿어줘.
네 뒷모습을 안타깝게 바라보는 직감을 남겨둔 채 그 사람의 팔짱을 끼고 가지.
넌 상대가 약속을 지키길 하염없이 기다려. 하지만 약속이 지켜지는 날은
결코 오지 않아. 대체 얼마나 더 기다릴 거야? 대체 언제쯤 남보다 널 선택할
생각이야? 행동으로 변화를 보여주지 않으면 말뿐인 약속은 아무짝에도 쓸모가
없어. 널 기다리게만 하는 사람을 버린다고 해서, 네가 잃을 게 뭐가 있길래
그렇게 살아?

마음 약하고 착한 사람들은 말만으로도 속아 넘어가곤 하지. 남을 잘 조종하는
사람들은 그런 속성을 교묘히 이용해. 행동으로 보여주지 않아도 믿으니까
번지르르한 약속만 남발하지. 내가 속았구나 깨달았을 땐 이미 혼자가 되어
있을 거야. 지켜지지 않은 약속 백만 개와 함께.

말뿐인 약속은 수단인 경우가 많아.

이런 사람과는 어울리지 마. 대화 중에 네 말을 끊는 사람. 널 존중하지 않는 거야.

이런 사람과는 어울리지 마. 네 고민은 귓등으로도 안 들어주면서 자기 고민은 같이 걱정해달라고 칭얼대는 사람.

이런 사람과는 어울리지 마. 자기가 호감 있는 사람 앞에서는 널 대하는 태도가 돌변하는 사람.

이런 사람과는 어울리지 마. 자기한테 득이 될 때만 널 돕는 사람.

이런 사람과는 어울리지 마. 넌 언제나 달려가서 곁에 있어주는데, 네가 필요로 할 때는 핑계만 대고 피하는 사람.

이런 사람과는 어울리지 마. 널 싫어하는 사람들과 어울리는 사람. 그들과는 예의상 만나는 걸 수도 있지만, 그들과 너 사이에서 '중립'을 지키기는 어려울 거야.

이런 사람과는 어울리지 마. 자기가 돋보일 만한 자리에만 널 초대하는 사람.

이런 사람과는 어울리지 마. 다른 친구들 눈치 보느라 너와의 우정을 감추는 사람.

이런 사람과는 어울리지 마. 자기가 얼마나 잘났는지 확인하고 싶을 때만 네 인생에 나타났다 사라지는 사람.

이런 사람과는 어울리지 마. 극혐한다고 험담했던 사람들과 계속 어울리는 사람.

이런 사람과는 어울리지 마. 남을 뒤통수치는 게 쿨하다고 생각하는 사람. 남의 감정을 가지고 노는 건 자랑거리가 아니야.

이런 사람과는 어울리지 마. 약속을 계속 펑크 내면서 다른 날로 옮기려는 노력도 안 하는 사람. 너나 네 시간을 전혀 존중하지 않는 거야.

이런 사람과는 어울리지 마. 자기 자신에게 정직하지 않은 사람. 너에게도 정직할 리 없지.

이런 사람과는 어울리지 마. 너는 행복하게 덕질하는데 그걸 창피하게 만드는 사람.

이런 사람과는 어울리지 마. 네 꿈에 자꾸 찬물을 끼얹으면서 본인은 '친절한 현실주의자'인 척하는 사람.

이런 사람과는 어울리지 마. 정신적으로 힘들고 외로울 때 널 버리는 사람. 애초에 친구인 적도 없던 인간이야.

이런 사람과는 어울리지 마. 네가 불안해하는 점을 가지고 놀려놓고는 기분 상한 티를 내면 '농담도 못 하냐'고 비아냥대는 사람.

이런 사람과는 어울리지 마. 네 뒷담화를 너에게 고자질하면서 자신이 맞장구친 부분은 쏙 빼놓는 사람.

Ị TUO ONYE SHIRI IHE, Ọ SHIE ỌDỌ.

무슨 뜻이냐면…
음식 만들어준 사람을 칭찬하면
또 얻어먹을 수 있다.

우리 엄마 가라사대: 아무리 사소한 행동이라도 늘 감사를 표하라.
감사하다는 말을 안 해도 될 정도로 대단한 사람은 없어. 당연한 소리를
왜 하냐고? 너도 가끔 매너라고는 약에 쓰려 해도 찾아볼 수 없는 사람을 만난
적이 있을 거야. 아무리 허물없는 사이라도 감사할 일이 있으면 꼭 표현해야 해.
너한테 그 사람의 친절을 무제한으로 쓸 수 있는 자유이용권이 있는 게
아니니까. 매너가 꽝인 사람을 보면 난 가정 교육이 제대로 안 되었구나
생각하게 되더라고. 부탁할 때의 노력 양과 고마움을 보여줄 때의 노력 양은
똑같아야 해. 넌 매번 죽을 똥을 싸면서 애써주는데 그때마다 시큰둥한 태도를
보이는 사람이 있다면, 배은망덕한 건 둘째로 치더라도 널 자기 발뒤꿈치의
때로밖에 생각하지 않는 거라고. 좀 더 자세히 설명해볼게. 우린 잘 보이고 싶은
사람들을 위해서는 꽤 힘든 수고도 마다하지 않아. 그 사람들이 우릴 어떻게
평가할지 신경 쓰이니까. 하지만 그들 중에는 우리에게 전혀 이롭지 않은
사람들이 있을 수도 있어. 우리의 친절과 호감을 이용해서 자신이 우리에 대한
권력을 쥐었다고 생각하는 소시오패스 같은 유형 말이야. 그들은 갑의 자리를
꿰차고 앉아 우리가 자기들의 인정을 받으려고 발버둥 치는 걸 흐뭇하게
지켜보지. 그래서 일부러 더 우리한테 고맙다는 말을 하지 않는 거야.

생각해보니 너도 지금 갑을 모시고 사는 것 같다고? 선택권이 있다면
당장 그만하자. 혹시 선택권이 없다면(가령 그런 인간이 가족 중에 있어서)
친절은 베풀되, 이제부터는 그 사람들의 반응을 내면화하지 마. 그들은 그냥
행복할 수가 없는 인간들일 뿐이야. 네가 아무리 친절을 베풀어도 그들을
고칠 순 없어. 네가 죽을힘을 다해 희생해도 마찬가지야.

만일 네가 갑질이 몸에 밴 사람이라면 이제라도 늦지 않았어. 먼저 너한테
잘해주는 사람들에게 왜 그런 태도를 보이게 되었는지 원인부터 찾아봐.
무엇으로부터 너 자신을 보호하려고 그러는 거야? 너한테 상처를 준 게 뭐였어?
앞으로도 쭉 그 상처란 놈한테 연연해서 살 거야? 그것 때문에 너한테 친절한
사람들을 막 대하고 있는데도? 사람들이 하나둘 떠나가도 처음엔 잘 모르겠지.
그러다 번뜩 정신이 들었을 때, 넌 덩그러니 혼자 남아 있을 거야. 네 탓으로.
조금만 노력해보자. 노력해서라도 재수 없는 인간이 되진 말자.

마음 상한
이유를 설명한
보람이
늘 있는 건
아니야.

선의란 건 네가 아무리 순수한 마음으로
베풀었어도, 그 마음 그대로 받아들여지란 법은
없어. 인생에서 우리 의지대로 할 수 있는 건
딱 두 가지, 우리의 의도와 우리의 반응뿐이지.
그 밖에 우리가 좌지우지할 수 있는 건
아무것도 없어. 우리한테 유리하게 느껴질 때도
있고, 아닐 때도 있겠지.

너의 순수한 선의는 감사 인사 하나 못 받을
때가 많을 테고, 보답이 따르지 않을 때도
많겠지. 보답이 의무가 아니기도 하고.
내 정성을 몰라주면 당연히 속상할 수 있지만,
왜 속상한지도 설명할 수 없다면 그게 더 마음
아픈 일이야. 우리가 감정 표현에 서툰 이유는
별거 없어. 감정을 차분히 살펴볼 시간을
스스로에게 줘본 적이 없었기 때문이야.

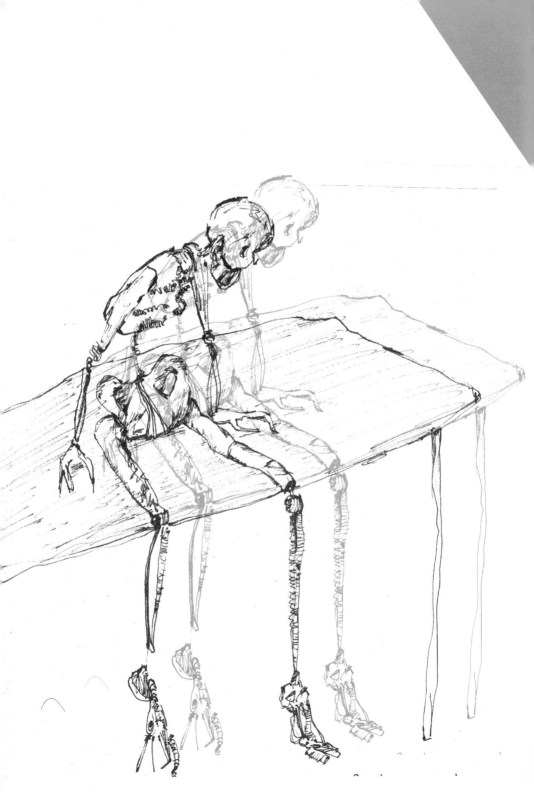

기대에 집착하면 실망만 남는다.

사랑하는 사람에게 우리는 무한 애정을 쏟게 되지. 그리고 상대가 우리
덕분에 행복하길 바랄 거야. 하지만 이제부터는 사랑하는 사람의 반응에
너무 집착하지 마. 그 대신 네가 그때 느낀 감정이 너에게 어떤 의미인지에
집중해. 우리가 사랑하는 사람들은 한 명도 빠짐없이 결국 우리를 실망시키게
되어 있어. 상대에 대한 기대감, 상대가 그런 기대에 부응해줄 거란 망상을
버리면 새로운 세계가 펼쳐질 거야. 자신의 기대감을 제어할 줄 아는 사람은
현실도 제어할 수 있게 되거든.

타인을 도피처 삼지 말고, 자신을 안식처 삼을 수 있기를!
타인의 세계에 들어앉으려고 하지 않고, 놀다 오는 법을 터득하기를!

타인에 대한 기대를 낮춰.

너 자신에 대한 기대는 높이고.

NWA SỊ NA NNEYE AGAHỤ ARAHA ỤRA, AGAHỤ ÁRAHA KEYE.

밤새 안 자고 우는 아이의 엄마는 아이와 같이 밤새 잠을 못 자지.
네 시간을 낭비하는 사람은 자기 시간도 낭비하고 있는 거야. 자기가 그걸
이득으로 생각하든 말든 말이야. 이기적인 행동은 절대로 보상받지 못해.
이 세상에서 인과 법칙을 초월할 수 있는 행위는 아무것도 없단다.
네가 믿든 말든, 네 선택은 어떤 식으로든 반드시 너에게 되돌아올 거야.

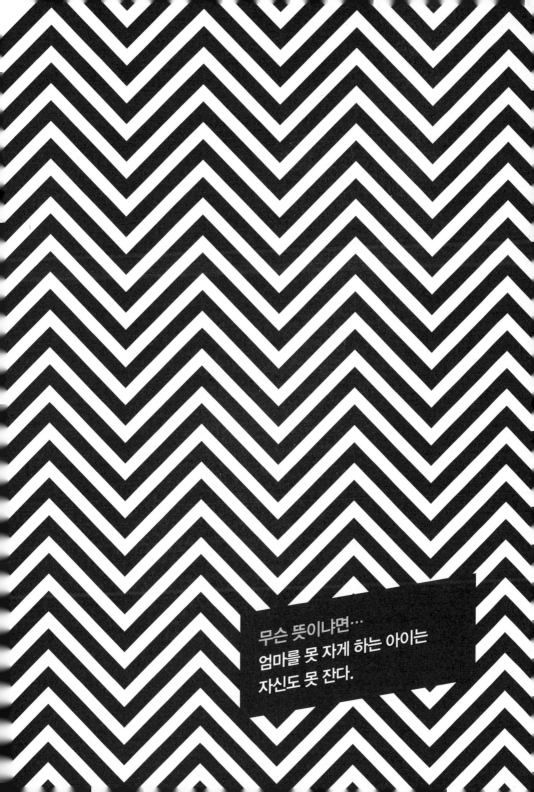

무슨 뜻이냐면…
엄마를 못 자게 하는 아이는
자신도 못 잔다.

게으른 사랑에
절대로 안주하지 마.

넌 그보다 나은 사랑을
받을 자격이 있으니까.

사람들 기억 속에 '순삭'된 것 같다고?

기분 더럽겠다. 투명인간이 된 기분일 테고. 존재감을 드러내보려고
온갖 방법을 써도 소용없을 거야. 그리고 왜 네가 존재감 제로가 되었는지
궁금할 거야. 그래서 일부러 허세도 부려보고, 밝은 척하고, 재미있는 사람이
되려고 노력하겠지. 하지만 아무것도 별 효과가 없고, 넌 자책만 하게 될 거야.
결국은 연락을 끊고 잠수를 타겠지. 어차피 다들 널 있으나 마나 한 존재로
여기는데 거기서 얼쩡거려 뭐하나 싶어서.

하지만 네가 꼭 깨달아야 할 게 있어. 넌 분위기 메이커의 사명을 띠고
이 땅에 태어난 게 아니야. 넌 이미 너 하나로 온전해. 무책임하거나 몰상식한
(타인뿐만 아니라 너 자신한테도) 민폐 덩어리만 아니라면 너답게 사는 데
'틀린' 방식은 없어. 주변 사람들이 다 널 너무 쉽게 '순삭'(순식간에 삭제)한다면
넌 엉뚱한 사람들 속에 들어간 거야. 지금은 어쩔 수 없는 이유 때문에 그들과
함께할 수밖에 없다면 네 마음이 널 어디든 데려다줄 수 있다는 걸 기억해.
너 스스로 너에게 위안을 주고, 소확행(작지만 확실한 행복)도 만들어.
활력을 주는 대상을 찾아서 거기에 빠져보는 거야. 단, 그 대상을 사람에서
찾지는 마. 사람에게 빠지면 길을 잃고, 너에게 제일 필요한 너 자신에게서
멀어질 테니까.

Ọ CHỌGA MGBALAGA SỊ A RUỌLA YA ANYA.

누군가 너를 문제로 여기는 것 같다면 그건 그 사람이 자신의 문제를
너에게까지 연장한 거야. 물론 누군가의 인생에서 문제가 되는 경우도 있지.
하지만 여기서는 네가 문제가 아니야. 그런 사람들은 네 심리를 계속 자극해서
모든 게 다 네 잘못이라고 믿게 할 거야. 자기들의 잘못보다 거기에 발끈한
네 반응이 더 나쁘다고 책임을 떠넘기면서. 그런 어이없는 사람들 말은
싹 무시하고, 네 마음의 평화는 네가 사수해. 내가 뭘 잘못한 건가 하는 고민으로
네 인생의 화양연화를 허송세월하지 마.

무슨 뜻이냐면…
빠져나갈 구실을 찾는 사람은
세상만사 온갖 데다 책임을
돌린다.

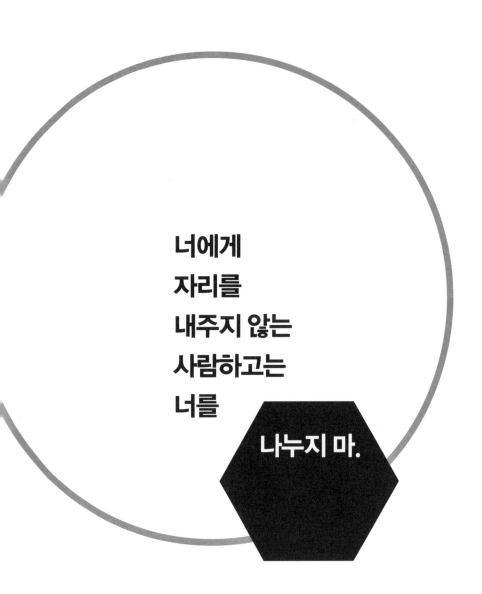

너에게
자리를
내주지 않는
사람하고는
너를
나누지 마.

열쇠는 너야,
언제든 마음대로
떠나도 돼.

죽을 만큼
아프기만 하다면
그건
사랑이 아니라
감옥이야.

EZIGBO ỤKA NA ESHI ŃA UDE NMAYA NA-APUTA.

취중 진담은 주의 깊게 살펴봐. 물론 그게 백 퍼센트 진심이라고 볼 근거는 없지.
하지만 술에 취해도 그 사람의 감정은 완벽하게 꾸며낼 수 없으니까 진의를
파악하기 어렵지 않을 거야. 조금 과장하거나 거짓말을 할 때도 있을 테지만
자기 자신에 대해 어떻게 느끼는지 단서를 흘리기도 해. 취하든 아니든,
우리는 우리 자신에 대해 느끼는 감정을 타인에게 투사하지.

가끔은 취한 상태로 다른 사람을 보고 네가 떠올라서 연락할 수도 있어.
그렇다고 네가 너무 그리워 미칠 것 같아서 연락한 건 아닐 거야. 이 세상에서
처음부터 끝까지 너 때문인 일은 하나도 없으니까. 예를 들어볼게.
사귀고 있을 때 너를 무시하고 수시로 폭언을 했던 전 애인이 뜬금없이 술에
취해 연락해서 사과를 했다면 그걸 진심으로 받아들여선 안 돼. 하루아침에
깊이 반성하고 잘못을 뉘우치기에는 그 사람의 증세가 너무 심각하고, 알코올은
치료제가 아니니까. 그런 행동을 반성하려면 그 사람이 자신의 문제점을
깨달으려는 의지를 갖고, 문제에서 한발 떨어져 객관적으로 볼 수 있어야 해.
그런 행동 패턴이 생겨나게 만든 뿌리 깊은 트라우마가 있었을 텐데,
우선 그걸 직시해야 극복할 수 있거든. 그런 반성은 어느 날 갑자기 술김에
받을 수 있는 계시가 아니야.

취중 문자에 설렘 폭발할 수도 있겠지만, 냉정하게 말할게. 알코올 향 짙은
문자를 달달한 애정으로 오독하지 마.

무슨 뜻이냐면…
와인에서 진심이 나온다.

반드시
필요했던
실수도 있어.
진정한 성장을
위해서라면.

실수가 존재하는 건 네 행동 패턴에 허점이 있다는 걸 알려주기 위해서야.
실수를 저지르지 않고서는 균형 잡힌 생각을 가질 수도, 인격을 연마할 수도,
더 많은 경험을 할 수도 없으니까.

그 실수 때문에 엄청난 망신을 당했더라도 결국 중요한 건 네가 그로 인해
자신에 대해 얼마나 많이 배웠느냐 하는 거지. 얼마나 빨리 배웠는지는
중요하지 않아.

네 실수로 누군가가 손해를 봤다면 실수를 통해 교훈을 얻는 건 그다지
중요한 게 아냐. 당연히 사과해야 하지만 혹시 용서받지 못하더라도
너무 연연하진 말아. 당사자에게 직접 보상하지 못하더라도 방법은 있으니까.
다음 사람한테 더 잘해줘. 그럼 되는 거야.

안전 제일주의로 인생을 놓치는 것보다는 쓸모 있는 실수를 저지르는 게 더 나아.

네가 남들보다 빨리 성장해도 괜찮듯, 남들도 너보다 빨리 성장해도 괜찮은 거야. 우리는 종종 친구가 나보다 앞서가는 게 아닌가 신경이 쓰이곤 해. 다들 공감할 거야. 특히 그 친구가 어릴 때부터 함께 자란 친구이거나 같이 겪은 일이 많다면 더욱 그렇지. 하지만 인생은 우리가 원하는 방향과는 무관하게 흘러가. 우리가 사랑하는 사람들이 우리와 속도를 맞춰서 살아가진 않고. 그 사람들이 나와 같을 거라고 기대해서도 안 되지. 그건 너무 비현실적인 바람이야. 사람은 성장하고, 저마다 소신이 생기면서 자연스럽게 우선순위도 바뀔 수 있어. 그 과정에서 너와 멀어지게 될 수도 있지. 둘도 없는 절친이 널 버린 것 같아 속상해서 성질을 부려놓고 후회한 적 있니? 우리에게 마음이 떠난 상대는 아쉽더라도 보내주는 게 최선이야.

사람에 대한 마음이 바뀌는 건 당연해.

'널 용서하지만, 너에 대한 마음은 바뀌었어'는 아주 당연한 태도야.

너무 서두르지 마. 타인을 진정으로 용서한다는 건 쉬운 일이 아니니까.
너 자신을 편안하게 받아들인 후 네 마음을 속 시원하게 털어놓고,
상대만이 아니라 너 자신에 대한 불쾌감까지 해소하고 나서야 가능한 거야.

만일 스스로에게 실망했다면, 자신의 목표를 위해 매진했지만 끝내
달성하지 못해 자괴감이 든다면 너 자신을 용서하고 싶지 않겠지. 그런 너에게
빨리 스스로를 용서하라고 누군가 말한다면 그건 주제넘은 간섭일 거야.
그게 아무리 옳은 말이라도 너무 서두르면 안 돼. 자기 자신을 온전히
용서하는 데에는 평생이 걸리기도 하거든.

분위기에 휩쓸려 화해를 했더라도 나중에는 얼마든지 마음이
바뀔 수도 있는 거야.

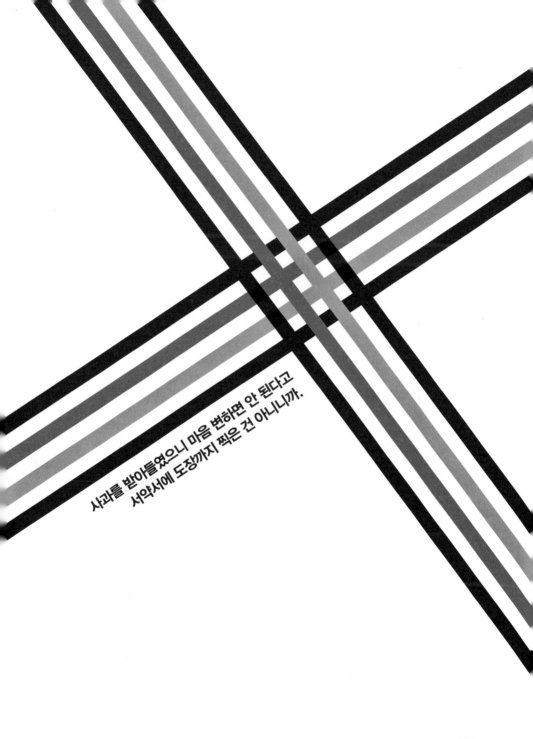

사과를 받아들였으니 마음 변하면 안 된다고
서약서에 도장까지 찍은 건 아니니까.

185

무언가를 깨달은 다음에는 후회가 뒤따르곤 해.
'그때 이렇게 했다면 좋았을 텐데...' 하는 후회가
든다면 지금이라도 늦지 않았어. '그때 이런 선택을
했다면 어땠을까?' 하며 평생 궁금해하지 말고,
다시 가서 부딪혀보고 '싫어' 소리를 듣는 게 나아.
기회가 있는데도 네가 포기한다면 가지 않은 길에
대한 미련은 평생을 따라다닐 거야. 그러니까
확인이야말로 확실한 의혹 해소법이지.

는 보다 나빠.

넌 극복할 거야. 치유에 대해 한마디 하자면 충분히 시간을 가져야 해.
그래야 극복할 수 있고, 아픈 만큼 성숙할 수도 있지. 또 두 번 다시
그 일에 휘둘리지 않을 수 있게 되고. SNS 때문에 안 아픈 척, 초고속으로
훌훌 털어버린 척해야 하는 부담도 있겠지. 그 안은 더 무신경한 사람이
우승하는 올림픽 같으니까. 넌 마음껏 울어도 돼. 다른 사람들은 신경 쓰지 말고.
그냥 차단해버려. 알림도 꺼버리고. 남들이 뭐라는지 SNS를 열어보고 싶어서
손이 근질거려도 참아. 그리고 스스로에게 말해. "넌 지금 엉뚱한 데서
인정받으려 하는 거야"라고.

'극복'을 만만하게 보지 마. 몸에 밴 습관도 버려야 하고, 익숙한 환경에서도
멀어져야 하거든. 누구도 쉽게 해내지 못해. 남들은 바로바로 털어버리고
금방 일어나는 것처럼 보이지? 사실은 다 낫지도 않은 감정을 마음속 다락방에
처박아두었을 뿐이야. 가끔은 자기감정에서 도망치는 데 도가 튼 사람들도
있고. 하지만 그런 사람들도 알고 보면 뫼비우스의 띠 위를 달리고 있어.
결국 원점으로 돌아가게 되지. 네 감정은 결국 너에게 돌아올 거야.
혹시 성공적으로 도망쳤다고 생각한다면, 그건 착각이야.

치유의 유일한 방법은, 감정 하나하나를 네 몸이 필요한 만큼 시간을 들여
소화시키는 거야. 그러려면 자기 자신에 대해 최대한 정직해져야 해.
계속 부인해봐야 결국 너만 손해야. 완전히 극복하는 데 너무 오래 걸린다고
부끄러울 것 하나도 없어. 우리 감정에는 유통 기한이 없으니까.
우리 감정은 제 몫을 다하기 전까지는 우리 곁을 절대 떠나지 않을 거야.

네 치유 기간을 남들의 치유 기간과 비교하지 마. 괜히 네 치유 기간만
더 길어져. 고통의 한계치는 사람마다 다 달라. 자기감정을 유난히 잘 숨기는
사람들도 있고. 하지만 우리는 모두 평범한 인간이지. 피도 나고 눈물도 흘리고
오줌도 싸는.

아파하고 있다고 창피해하지 마. 아픔을 외면하지 말고 느끼면서 스스로에게
주문을 걸어. '이 또한 지나가리라.' 네가 지금 느끼는 감정이 무엇이든
(행복이든, 슬픔이든, 지루함이든) 계절처럼 잠시 머물다 지나갈 거야. 파이팅!
땅만 쳐다보지 말고 하늘도 좀 봐. 금방 괜찮아질 거야.

IKE ANAHỤ AGBAGO AGBAGO, ỌNA AGBADA ÁGBADA.

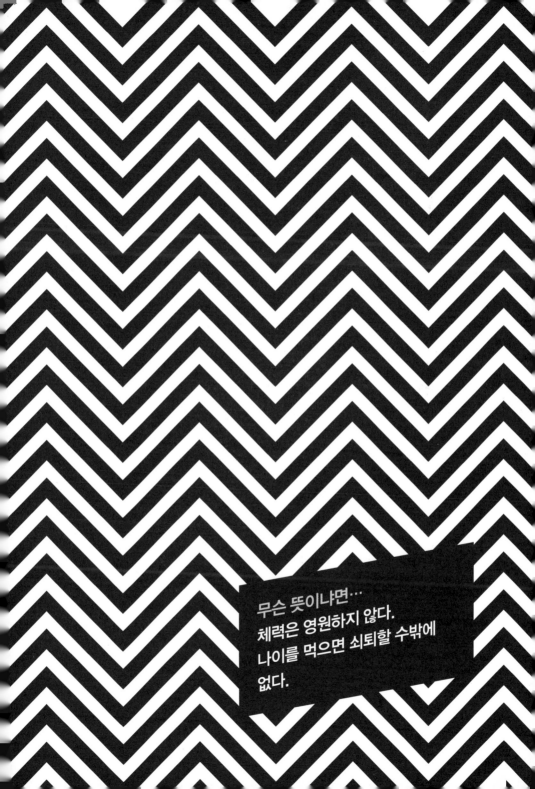

무슨 뜻이냐면…
체력은 영원하지 않다.
나이를 먹으면 쇠퇴할 수밖에
없다.

영원히 '핫한 사람'은 없어.

어느 날 갑자기 인스타그램이 망해서 너의 팔로워 8만 명을 더 이상 자랑하지 못할 수도 있어.

오프라인 세계의 인간관계가 관건이야. 지금은 온라인에서 잘나가고, 돈도 벌어들이는 능력을 높이 쳐주지만, 그게 그렇게 오래갈까? SNS로 자랑할 수는 없겠지만, 인격을 높여보는 건 어때?

온라인에서 아이돌 같은 존재가 되고, 팬덤이 형성된다고 좋기만 할까? 갑자기 얻은 관심과 인기에 취해 자기가 뭐라도 된 줄 알고, 어깨가 하늘로 치솟은 사람들을 너도 봤을 거야. 자기가 뭘 해도 사람들이 좋아할 거라 착각하지. 듣기 싫은 말을 하는 사람은 다 악플러로 간주하고. 그런 태도가 오프라인까지 이어져 오만불손한 사람들, 너도 몇 명은 꼽을 수 있을 거야.

재능이 있는 사람이 꼭 '좋은' 사람인 건 아니야. 유명한 할리우드 스타 중에도 자기 부인을 패는 사람들이 있고, 예술가랍시고 여자들을 꼬드겨 성적으로 이용해먹는 인간들도 있어. 재능은 그 사람이 가진 특기고, 도덕성은 삶의 태도와 인격이지.

사람들에게 주목받는다는 건 기분 좋은 일이지. 하지만 그보다 더 중요한 건 너와 함께 있을 때 사람들이 어떻게 느끼느냐 하는 점이야. 넌 남의 말을 귀담아듣고 있니? 다른 사람에게 관심을 갖고 네 시간을 조금이라도 내주고 있어? 대가를 바라지 않고 타인에게 친절한 적은?

네 묘비에 인스타그램 팔로워 수는 새겨지지 않을 거야(네가 유언으로 남기지 않는 한). 그 묘비는 네가 남기고 간 에너지를 기릴 거야.

기억해

왜

네가

떠났는지.

혼자 있어도
마음의 안정을
느끼는 것

불안감과 외로움은 널 자멸의 길로 안내할 거야.
혼자 있어도 마음의 안정을 유지해야 해.
권태는 잘못된 결정을 내리기 쉽게 만들지.
목표에 전념해. 권태와 불안은 잘못된 판단을 부르는
환상의 콤비(혹은 환장의 콤비)야.

자기 자신을 사랑할수록 좋은 결정을 할 수 있게 돼.
누구도 아닌 너 자신을 위해 인생에 꿀잼을 가득 채워봐.
그러면 네가 생각해도 갑갑했던 과거의 너를
떠날 수 있을 거야.

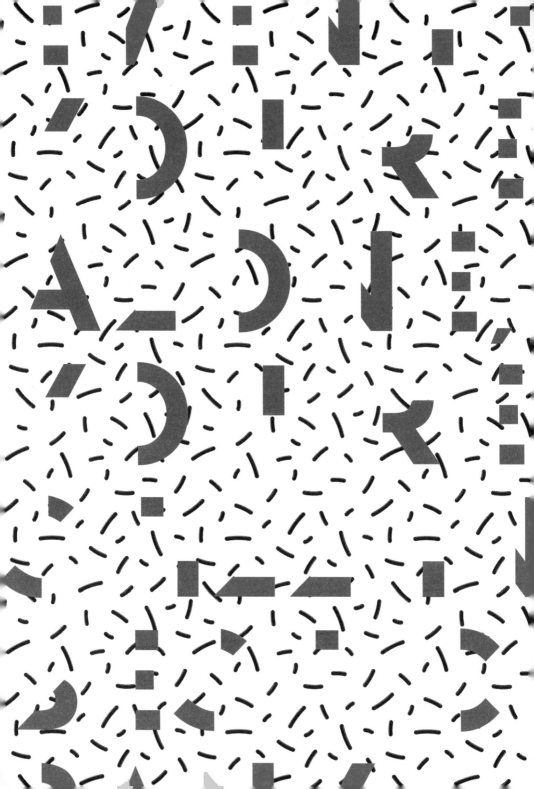

혼자가 아니야. 너라는 가장 든든한 동지가
함께 있잖아. 혼자라는 건 실패가 없어.
넌 혼자서도 가슴 뛰고 경이로운 삶을 살고 있으니까.
아름답고 밝은 미래도 기다리고 있잖아.

이 책이 바라는 건 네가 오일 마사지도 해주고,
비타민도 잘 챙겨 먹고, 가끔은 혼자 힙한 데도 가는 거야.
제아무리 도파민이 팍팍 분비되더라도
후회할 짓은 최대한 하지 말고.

너라는 사람 안에서 마음의 안정을 찾길!

나이와
지혜는
비례하지 않는다!

잊어버렸던 혹은 그냥 지나쳤던 어린 시절의 경구

"할아버지께서는 이렇게 말씀하셨지…"라는 독백과 함께 주변 도구를
이용해 멋지게 위기를 탈출하던 맥가이버. 위기 탈출의 일등공신은 단연
맥가이버의 물리학 · 화학 관련 지식과 순발력이겠지만 어른이 된 맥가이버가
그런 위기 상황에서 떠올릴 만한 말을 이것저것 많이 남겨준 할아버지의 공도
무시할 순 없지 않을까?
책이나 영화 등을 보면 주인공이 어릴 때 주변 어른에게 들었던 어떤 말을
잊지 못하고 인생의 좌우명이나 이정표로 삼는 경우를 심심찮게 볼 수 있다.
이 책『혼자 있지만 쓸쓸하지 않아』의 저자, 치데라 에그루의 경우가
바로 그렇다.
혹시 이번 생이 두 번째가 아닌가 싶을 정도로 20대에는 어울릴 것 같지 않은
인생에 대한 깊은 통찰력을 전해주는 저자, 치데라 에그루는 어머니로부터

받은 영감을 책 속에 십분 활용하고 있다. 그녀도 맥가이버처럼 어릴 때부터
지혜로운 말을 많이 듣고 자랐는지 심지가 곧고 당당한 태도로 주옥같은
이야기를 우리에게 들려준다.
이 책을 작업하면서 혹시 나도 부모님이나 주변 어른들로부터 들었던 말 중
인생의 좌우명으로 삼을 만한 것이 없었는지를 곰곰이 생각해보게 되었다.
안타깝게도 잘 생각나지 않았다. 내 주변에는 현명한 어른이 없었던 걸까,
내 기억력이 형편없는 걸까? 그러다 딱 한 가지가 머릿속에 번뜩 떠올랐다.
바로, 우리 엄마의 말씀이다.

'내 손이 좋다.'

'무슨 일이든 본인이 직접 할 줄 아는 게 가장 좋다'는 뜻으로 나는 알아들었다.
남한테 부탁을 할 수도 있겠지만 뭐니 뭐니 해도 자신이 직접 하는 게 좋다는
뜻이 아닐까?(물론 딸이 시킨 일을 군소리 없이 하게 하려고 엄마가 지어낸
말일 수도 있지만 말이다) 그런 엄마 덕분에 나는 무슨 일이든 직접 하는
어른으로 자랐다. 남에게 의지하거나 부탁하기보다 구글이든 유튜브든
뒤져서 적극적으로 방법을 알아내고 죽이 되든 밥이 되든 일단 시도해보는
사람인 것이다.

뻔뻔한 늙은이를 넘어서는 젊은이의 지혜

이 책을 처음 검토했을 때 사실 나는 회의적이었다. 예쁜 그래픽과 띄엄띄엄
있는 텍스트. 게다가 20대가 인생 조언을?(지금 생각해보면 이 역시 나의
편견이었다) 평소 텍스트가 너무 적은 책은 왠지 돈이 아깝다는 생각에 일단
제쳐두었던 나였기에 이 책 역시 화려한 색채와 싸이월드에나 적을 법한
감성 문구로 독자들의 주머니를 노리는 게 아닐까 의심했던 것이다.
그런데 웬걸? 다 읽고 나니 이 치데라 에그루라는 사람이 부러워졌다.

스물셋이라는 이른 나이에 이렇게 깊은 인생의 진리를 깨닫다니!
나처럼 엄마 말을 흘려듣지 않고 이렇게 잘 새겨듣다니!
특히 그중 이 말은 나에게 큰 울림을 주었다.

"네 시간을 존중하지 않는 사람은 너도 존중하지 않는 거야."

이 책을 작업할 당시 도저히 빠져나갈 길이 없어 보이는 힘든 일을 겪던 나는
이 문장을 읽는 순간, 늪에서 빠져나오는 기분이 들었다. 그 당시 겪던 모든 번뇌,
내 결정에 대한 의심이 눈 녹듯 사라져버렸다. 40대가 20대에게 위로받을 수
있다는 것도, 나이와 지혜가 정비례하지 않는다는 것도 새삼스럽게 깨달았다.
거리의 철학자라 불리는 채현국 선생의 이 말, "늙으면 지혜로워진다는 건
거짓말입니다. 농경 시대의 꿈같은 소리입니다. 늙으면 뻔뻔해집니다.
그들을 욕해봤자 소용없어요. 욕을 넘어서야 해요. 그런 자들이 바로 못하게끔
젊은이들이 좀 더 분발해야 합니다"라는 말이 생각난다.
저자 치데라 에그루 같은 20대 청년이 바로 선생이 말한 '분발한 젊은이' 중
하나가 아닐까?
혹시 힘들고 어려운 시기를 보내고 있는 사람들 중 단 한 사람이라도 나처럼
이 책 속에서 촌철살인을 발견하고 남은 생을 살아가게 해줄 자기 확신과
위안을 얻는다면, 번역가로서 그보다 더한 보람이 없을 것 같다.

2019년 5월
황금진

치데라 에그루 CHIDERA EGGERUE

'슬럼플라워(slumflower)'라는 블로그로 더 유명한 그녀는 인기 블로거이자 강사,
크리에이티브 디렉터이다. 자신이 자란 사우스 런던의 페캄 거리에서 영감을 받아 지은
이름인 블로그 '슬럼플라워'는 자기 긍정, 페미니즘, 패션, 연애와 인간관계 등
다양한 주제를 다루고 있는데 일관된 메시지는 '나 자신을 첫 번째 판단 기준으로 삼으라'는
것이다. 스물세 살이라는 나이에 걸맞지 않게 인생에 대한 통찰력과 내공, 위트를 보여주는
그녀의 글을 모은 첫 책 『혼자 있지만 쓸쓸하지 않아』(원제: what a time to be alone)는
그 핵심 메시지를 정리한 책이다.
좋은 집안에 좋은 학력, 성공한 백인 남자의 이야기로 가득한 기존 자기계발서의
해독제가 되어줄 이 책은 2018년 출간 당시 영국에서 폭발적인 반응을 얻으며
자기계발 베스트 5위 권 안에 오랫동안 올랐으며 현재까지도 큰 사랑을 받고 있다.
'자기 몸 긍정주의'를 세상에 알리기 위해 가슴이 깊이 파인 옷을 입은 자신의 사진과 함께
'#처진가슴도중요하다(#SAGGYBOOBSMATTER)'라는 해시태그 캠페인을 벌이고 있는
그녀는 현재 인스타그램과 트위터를 합해 30만 명의 팔로워를 갖고 있는 인플루언서이다.
블로그도 여전히 운영 중이며 2018년 말에는 테드 강연으로 다시 한 번 주목받았다.

황금진

숙명여대 영문과를 졸업한 후 혼자 일하지만 쓸쓸하지 않은 직업인
번역가의 삶을 선택했다. 독자 대신 손품을 팔아 시간을 절약해주는 것이
번역가의 할 일이라 생각하며 성실한 자세로 일하고 있다.
옮긴 책으로는 『혼자 있지만 쓸쓸하지 않아』, 『정말 하고 싶은데 너무 하기 싫어』,
『호르몬의 거짓말』, 『아내 가뭄』, 『소녀는 왜 다섯 살 난 동생을 죽였을까?』,
『런어웨이』, 『개와 영혼이 뒤바뀐 여자』, 『카네기 인간관계론』, 『과소유 증후군』,
『시간을 2배로 늘려 사는 비결』 등이 있다.

1판 1쇄 인쇄 | 2019년 6월 14일
1판 1쇄 발행 | 2019년 6월 21일

지은이 | 치데라 에그루
옮긴이 | 황금진
발행인 | 김태웅
편집장 | 강석기
기획편집 | 박지호, 이주영
외부기획 | 민혜진
디자인 | design PIN
마케팅 총괄 | 나재승
마케팅 | 서재욱, 김귀찬, 오승수, 조경현, 양수아, 김성준
온라인 마케팅 | 김철영, 양윤모
인터넷 관리 | 김상규
제 작 | 현대순
총 무 | 김진영, 안서현, 최여진, 강아담
관 리 | 김훈희, 이국희, 김승훈

발행처 | (주)동양북스
등 록 | 제2014-000055호
주 소 | 서울시 마포구 동교로22길 12 (04030)
구입 문의 | 전화 (02)337-1737 팩스 (02)334-6624
내용 문의 | 전화 (02)337-1739 이메일 dybooks2@gmail.com

ISBN 979-11-5768-514-1 03190

이 도서의 국립중앙도서관 출판예정도서목록(CIP)은 서지정보유통지원시스템 홈페이지(http://seoji.nl.go.kr)와
국가자료공동목록시스템(http://www.nl.go.kr/kolisnet)에서 이용하실 수 있습니다.
(CIP제어번호:CIP2019021263)